Destino

A história verídica da jornada de um homem através da vida, da morte e do renascimento

Martin Heald

Destino

A história verídica da jornada de um homem através da vida, da morte e do renascimento

Tradução
AFONSO TEIXEIRA FILHO

EDITORA CULTRIX
São Paulo

Título do original:
Destiny

Publicado originalmente na Grã-Bretanha em 1997 por Element Books, Limited, Shaftesbury, Dorset.

O primeiro número à esquerda indica a edição, ou reedição, desta obra. A primeira dezena à direita indica o ano em que esta edição, ou reedição, foi publicada.

Edição	Ano
1-2-3-4-5-6-7-8-9-10	00-01-02-03-04-05-06

Direitos de tradução para o Brasil
adquiridos com exclusividade pela
EDITORA CULTRIX LTDA.
Rua Dr. Mário Vicente, 374 — 04270-000 — São Paulo, SP
Fone: 272-1399 — Fax: 272-4770
E-mail: pensamento@cultrix.com.br
http://www.pensamento-cultrix.com.br
que se reserva a propriedade literária desta tradução.

Impresso em nossas oficinas gráficas.

Agradecimentos

Antes de mais nada, quero expressar minha sincera gratidão à minha companheira Jen, pelo seu amor inabalável e pelo incansável apoio que me deu enquanto eu escrevia este livro.

Eu gostaria de agradecer também a inestimável ajuda de Saskia de Bruin, Josee van Asten, Roy Stemman, London Weekend Television, família van Leeuwen e, também, aos meus editores da Element Books.

Introdução

Muitas vezes é difícil descobrir um sentido em nossa vida, mesmo nos seus melhores momentos. Parece que estamos sendo levados pelo seu curso com tal velocidade que raramente temos tempo para refletir sobre quem somos e para onde vamos na realidade. Se existe um plano ou um propósito maior em nossa existência, ele nos escapa. Todavia, embora possamos nos dar conta de um padrão que subjaz aos acontecimentos da nossa vida, ocasionalmente somos obrigados a sair da rotina diária para buscar algum tipo de significado mais profundo, qualquer que seja ele.

A seqüência de eventos que me levou a uma busca própria foi desencadeada quando eu ainda era criança. Na época, é claro, eu era muito jovem para compreender o seu significado mais profundo. Foi apenas há um ano, mais ou menos, que as várias peças do quebra-cabeça finalmente se juntaram, dando um sentido à direção que a minha vida havia tomado até então.

As experiências que descrevo nestas páginas são verdadeiras, embora a minha história não seja, de modo algum, uma exceção. Todos temos um destino a que aspiramos, um "livro da vida" que escrevemos, inconscientemente, todos os dias de nossa existência. Ao relatar a minha história, espero que outros se sintam encorajados a procurar e descobrir o seu próprio destino. Se você escolher um caminho semelhante, permaneça nele. Não desista diante do primeiro obstáculo, pois os resultados finais serão mais valiosos do que qualquer coisa que o dinheiro possa comprar.

Um

Uma das lembranças mais remotas da minha infância é a de umas férias à beira-mar. Viajávamos por luxuriantes campos verdes, nos quais a visão de vacas e ovelhas brincando com suas crias representava uma experiência completamente nova para mim, um jovem da cidade. Nosso destino era Cleveleys, uma pequena cidade costeira no noroeste da Inglaterra. Jamais esquecerei quando vi, pela primeira vez, aquela areia dourada, banhada pelo cálido fulgor de um dia ensolarado de verão. O céu parecia muito mais azul e o ar bem mais limpo e fresco do que na minha cidade. A imagem mais espetacular era a do mar, com suas ondas azuis e brancas, quebrando ao longo da quente faixa dourada do litoral.

Meu pai, depois de muita luta, havia conseguido montar as cadeiras de praia, quando eu vi um trator puxando um carrinho que levava algumas pessoas pela areia até o mar. Meu pai deve ter lido o meu pensamento e logo depois eu me achava sentado na traseira do trator, na maior alegria. Foi emocionante. Ainda posso sentir as lágrimas salgadas que derramei quando o passeio terminou de repente.

Amolei o meu pai para conseguir outra volta, mas ele me convenceu de que o motorista havia ido almoçar. Fiquei triste. Eu queria muito viver novamente aqueles momentos especiais. Achei que o motorista voltaria se visse alguém esperando e perguntei ao meu pai se poderia dar uma olhada mais de perto no trator. Ele concordou e corri o mais depressa que pude. Quando olhei para trás, vi os meus pais, com óculos escuros e tudo o mais, acomodando-se nas cadeiras de praia, prontos para aproveitar o sol quente do meio-dia. Continuei andando na direção do meu objetivo, ignorando completamente o que parecia ser uma pequena poça d'água na minha frente. Antes que eu pudesse perceber o que estava acontecendo, caí em pé num buraco profundo cavado na areia, coberto com água do mar. Meus pés tocaram o fundo arenoso e, por mais que eu lutasse, não conseguia subir à superfície. Entrei em pânico e respirei profundamente duas vezes, enchendo os pulmões com água fria e salgada, e logo acreditei que iria morrer.

Uma sensação de enorme paz tomou conta de mim quando a luz do sol desapareceu, deixando-me numa escuridão total. De repente, percebi uma outra luz, extremamente brilhante, a distância, que parecia aproximar-se com incrível rapidez. Instintivamente, tentei fechar os olhos.

No momento seguinte, encontrei-me sentado num pequeno cômodo, muito iluminado, juntamente com outras pessoas. O cômodo parecia-se com a sala de espera de um consultório médico e eu já me preparava para perguntar aos outros o que estava acontecendo, quando uma das três portas se abriu e um homem, banhado de uma luz inacreditavelmente bela, fez sinal para que eu o seguisse. Entrei e, antes de me sentar no chão, um estranho se apresentou.

— Oi, Martin. Eu não esperava ver você de novo tão cedo. Sou eu, David!

— David? — pensei. — Não conheço nenhum David!

— Não importa. Você se lembrará no devido tempo. Você acabou de sofrer um acidente e se afogou; mas agora deve voltar e concluir a sua vida!

Eu ia protestar, quando senti uma dor terrível no peito. Num instante, fui levado de volta à praia e me encontrei na areia quente, tossindo com a água do mar nos pulmões. Meus pais choravam de alívio. De volta ao hotel, passei por um exame médico completo, seguido de uma xícara de chá, quente e açucarado. Tentei em vão relatar a história sobre David e a estranha sala de espera, mas estava tão fraco que logo caí num sono profundo e relaxante. Depois disso, tentei várias vezes contar o fato aos meus pais, mas foi em vão.

Eu esperava com ansiedade o primeiro dia de aula, especialmente depois de ouvir a descrição que meus pais fizeram da escola: aprender, brincar e fazer novos amigos. Quando esse dia chegou, fui tomado por uma emoção que se tornou ainda maior quando minha mãe se despediu de mim com um beijo.

— Voltarei mais tarde para buscar você! — assegurou-me ela.

E de fato, no fim do dia, lá estava ela no portão da escola, juntamente com outros pais ansiosos. Chorei novamente, desta vez de alívio ao ver que ela havia mantido a promessa.

Na segunda semana de aula, a professora distribuiu os novos cadernos de exercícios, junto com canetas e lápis coloridos.

— Hoje, crianças, vamos aprender as três primeiras letras do alfabeto. Quero que todos vocês copiem da lousa o A, B e C nos seus cadernos novos!

Meu primeiro pensamento foi como aquilo era aborrecido e imediatamente comecei a fazer um desenho complicado, usando todos os lápis coloridos. Eu já conheço todo o alfabeto, pensei. Por que deveria copiar A, B e C?

Ainda lembro da expressão de choque no rosto da professora quando viu o que eu estava fazendo, sem mencionar a sua voz estridente ao me repreender.

Depois de algum tempo de aula, tive a nítida impressão de que ela me considerava retardado, principalmente quando eu não conseguia realizar as tarefas simples que nos passava. Logo ela mudaria de idéia, pois, aos sete anos, eu já lia e escrevia como um adulto.

O diretor da escola em pouco tempo percebeu o meu potencial e sugeriu que eu passasse pelo menos parte do dia tendo aulas particulares com ele. Encorajado pelos professores e pelos meus pais, meus talentos artísticos começaram a florescer. Fiquei tão absorvido no meu próprio desenvolvimento que quase me esqueci do novo membro de nossa família, meu irmãozinho Andrew. Mas a atmosfera doméstica começou a mudar e compreendi que Andrew estava recebendo mais atenção dos nossos pais do que eu. Fiquei muito enciumado, recusando-me terminantemente a dividir qualquer coisa com o "intruso". Como ele se atrevia a chegar e estragar tudo? Infelizmente, esse ressentimento durou até eu chegar à maioridade, quando a situação ficou mais clara para mim.

Aparentemente, minha saúde era muito frágil na infância, com doenças como sarampo, caxumba e catapora. Entre uma doença e outra eu passava alguns fins de semana com meus avós, o que permitia que minha mãe "recarregasse as baterias" para a semana seguinte.

Eu adorava a companhia do meu avô. Ele irradiava um tipo especial de amor e calor humano e sempre tinha tempo para tentar responder às perguntas difíceis que eu lhe fazia.

Foi numa dessas sessões de perguntas e respostas que quis saber por que ele bebia tanto. Quando ele ia responder, acrescentei:

— É por causa da guerra? Você teve que matar muita gente?

Seu rosto ficou sombrio, enquanto respondia com a voz trêmula:

— Não quero falar sobre a guerra, não foi nada bom, mas quando você tiver idade suficiente, ficará com as minhas insígnias. Que acha disso?

Depois de ter sido colocado na cama, ouvi os meus avós questionando como uma criança tão pequena poderia saber alguma coisa sobre a guerra.

O Natal era sempre uma época emocionante para meu irmão e para mim. O fato de termos pouco dinheiro não parecia fazer nenhuma diferença. Nossos sacos de presente estavam sempre cheios até à boca com brinquedos e guloseimas, que nos mantinham ocupados no mínimo por duas semanas. Muito cedo eu me dei conta de que Papai Noel não existia, e cruelmente comuniquei o fato ao meu irmão menor. Um ano, pouco antes do Natal, decidimos fazer uma busca no quarto dos nossos pais à procura dos presentes. Durante uma dessas incursões, descobri sem querer uma caixa grande que continha dois telefones de campanha. Depois de alguma insistência da minha parte, meu pai instalou os telefones em dois quartos e começou a falar comigo através do monofone, explicando que, quando eu quisesse responder, deveria apertar o botão verde do aparelho que estava comigo. Meus olhos foram atraídos para um botão vermelho e um diagrama que mostrava o alfabeto seguido de muitos pontos e traços esquisitos. Imediatamente apertei o botão verde e perguntei ao meu pai o significado daquele diagrama.

— Ah, isso é o código Morse! — explicou ele, e começou a bater o S.O.S. no telefone.

O quarto desapareceu. Em segundos, eu voava acima das nuvens, olhando para o escuro céu noturno. Exatamente embaixo do meu ponto de observação, vi um avião perseguido por outro, menor e mais veloz. Depois de um segundo ataque, o avião maior explodiu com um barulho ensurdecedor, transmitindo um choque de terror ao meu corpo já trêmulo.

Eu estava a ponto de gritar por socorro, quando a cena desapareceu, tão rapidamente quanto havia surgido. Achei-me novamente no meu quarto, ouvindo o código Morse. Tentei explicar o acontecido ao meu pai, mas ele apenas riu e mais uma vez lembrou-me dos meus devaneios constantes. A partir desse momento, não tive mais coragem de usar os telefones, com medo de voltar àquela cena terrível.

Outro brinquedo que havia em nossa casa era o toca-discos. Eu era completamente fascinado por aquele instrumento mágico. Uma noite, meu pai decidiu tocar um velho disco de Marlene Dietrich, cantado em alemão. Estupefato, fiquei sentado no chão, ouvindo aquela língua estranha, mas vagamente familiar, dominado por cenas e emoções de uma época passada. De tanto eu insistir, meu pai concordou em comprar um curso de alemão em discos, com um dicionário alemão-inglês.

Academicamente, minha educação parecia estar se encaminhando na direção certa, embora eu tenha que admitir que ficava um tanto entediado durante as aulas. A maior parte do tempo eu me sentia como um adulto aprisionado num corpo de criança. Eu era muito bom nos esportes, especialmente em corridas de curta distância. Algumas vezes os professores tinham que me segurar para dar oportunidade às outras crianças de me alcançarem, pois a essa altura eu havia desenvolvido um estranho sentido que me permitia saber com precisão que movimentos meus colegas fariam em seguida. Eu não conseguia entender esse fenômeno, mas logo percebi as suas vantagens para um garoto travesso de seis anos.

A hora do recreio era o melhor momento do dia. Uma hora inteira sem aquelas aulas chatas; meus colegas e eu, com tempo para explorar os antigos abrigos antiaéreos. Durante uma de nossas incursões pelo terreno da escola, descobrimos uma velha construção completamente destruída, exceto por dois pequenos cômodos. Eu tinha acabado de subir na esquadria quebrada da janela, quando fomos descobertos por uma das professoras.

— Vocês não devem entrar aí. Isso era parte da escola antiga, que foi bombardeada pelos alemães durante a guerra, matando algumas crianças. Continua de pé até hoje, como um memorial!

Outra vez me senti dominado pela emoção, embora a essa altura eu já estivesse começando a perceber a relação entre esses estranhos sentimentos e um evento que se dera alguns anos antes de eu nascer.

Em casa tudo corria bem, ainda que eu brigasse regularmente com o meu irmão, quase sempre sem um motivo lógico. Numa tentativa de acalmar a situação, deram-nos uma velha enciclopédia que havia pertencido aos meus avós. Isso me mantinha ocupado a maior parte do tempo, pois eu havia desenvolvido um desejo ardente de conhecer acontecimentos "de verdade". Ao folhear o sétimo volume, o estranho sentimento voltou a me perseguir. Eu estava na seção denominada "Aviação na Segunda Grande Guerra" e ali estava ela, a mesma aeronave da qual eu havia tido aquela visão aterradora. Continuei a ler, a despeito dos sentimentos que faziam meu corpo tremer, numa curiosa mistura de medo e entusiasmo. "Código Morse" — o bombardeiro Halifax era geralmente tripulado por uma equipe de sete pessoas, incluindo o operador de rádio, o qual, por meio de código Morse, comunicava-se com a base, durante os longos bombardeios noturnos sobre a Alemanha. Toda a Segunda Guerra me intrigava, em particular a sensação de familiaridade que eu tinha ao folhear as páginas com velhas fotos tiradas na época da guerra.

Finalmente, cheguei àquela idade em que os meninos brincam de construir modelos. Todos os meus colegas de escola pareciam estar ocupados com modelos de navios ou carros, mas o meu quarto logo ficou cheio de bombardeiros Halifax e Lancaster, montados afanosamente durante as férias de verão, que eram as mais longas. Foi durante uma dessas férias que ouvi o gemido de uma sirene de ataque aéreo, mas que sinalizava a hora do almoço dos operários de uma fábrica das proximidades. Cada vez que o alarme soava, um arrepio corria pelo meu corpo, seguido rapidamente por imagens de pessoas correndo pelas ruas, com o pânico estampado no rosto, tentando alcançar o abrigo antiaéreo antes de o ataque começar de fato.

Sentimentos de frustração e desamparo me invadiram novamente. Eu havia desistido de obter uma explicação satisfatória dos meus pais, os quais pareciam sempre atribuir esses episódios à minha imaginação fértil. Imaginação ou não, os sentimentos e as cenas eram bastante reais para mim.

Em uma ocasião, meu irmão e eu estávamos tendo o que devia ser a décima briga do dia, quando meu pai chegou em casa inesperadamente. Ele tinha sofrido um acidente de trabalho, perdendo metade do dedo indicador direito, e eu me lembro de ter pensado se o dedo cresceria novamente. Finalmente, depois de um longo período de recuperação em casa, ele voltou ao trabalho e posteriormente recebeu uma indenização da companhia de seguro. Decidiu então levar a família para uma viagem de sonhos a Guernsey.

— Onde fica Guernsey? É perto de Blackpool? — perguntei inocentemente.

— Não, é em outro país muito distante. Nós vamos para lá de avião! — exclamou meu pai, entusiasmado.

Quando chegou o dia da partida, todas as malas estavam arrumadas e fomos para o aeroporto num táxi preto. Depois de feito o despacho das bagagens, fomos para um dos terraços. Meu pai apontou para o avião no qual iríamos viajar. Eu não podia acreditar. Ali embaixo, no asfalto, havia outra aeronave meio desconjuntada, com quatro hélices. Meu coração palpitou. Aquilo que eu imaginava ser uma grande aventura da infância estava se transformando rapidamente no pior dos meus pesadelos. O meu rosto devia estar mostrando isso.

— O que há? — perguntou meu pai.

— O que aconteceria se fôssemos alvejados durante o vôo? — perguntei com toda seriedade.

Minha mãe sorriu nervosamente, enquanto meu pai teve um acesso de riso. Finalmente embarcamos e, embora o vôo parecesse não acabar nunca, transcorreu sem problemas, principalmente depois que percebi que meu pai estava certo quando dissera que a guerra havia terminado e que não havia nenhuma possibilidade de sermos alvejados.

Guernsey era um mundo fantástico, especialmente para dois jovens garotos da cidade. Lembro que fazia sol todos os dias, uma boa mudança em relação à chuvosa Manchester.

Durante uma das excursões pela ilha, a procura por um lugar adequado para um piquenique nos levou através das dunas de areia. Depois de muito tempo caminhando pelo terreno difícil e montanhoso, vislumbrei o que parecia ser um velho depósito de carvão.

— Papai, o que é aquilo lá? — perguntei, curioso.

— Ah, é um dos velhos abrigos alemães do tempo da guerra! — respondeu ele.

Depois de cinco minutos, chegamos à entrada do abrigo e, com certo esforço, meu pai conseguiu se espremer para dentro, seguido pelos dois filhos empenhados na grande aventura das suas vidas. Lá dentro experimentei uma estranha sensação de familiaridade. Os vários corredores e túneis pareciam não ter fim e, é claro, eu queria explorar todos eles. Após uma breve discussão, seguida de lágrimas de frustração, meu pai prometeu nos levar ao museu da guerra, antes do fim das férias.

A visita ao museu revelou-se uma experiência extremamente confusa e emocionante para mim. Eu parecia conhecer tão bem os objetos exibidos que eu mesmo me surpreendi, pois não me lembrava de haver lido nada a respeito de equipamentos de guerra alemães nas velhas enciclopédias. Meu pai parecia estar sem fala, apenas acenando quando eu dava explicações sobre os objetos, com um certo conhecimento de causa. Nenhuma vez ele me perguntou como ou onde eu havia adquirido tais conhecimentos sobre o tempo da guerra. Não que eu pudesse dar uma explicação satisfatória, uma vez que todas as minhas declarações eram imediatamente descartadas como sendo fantasias infantis.

Desse momento em diante, comecei a perceber que a minha chamada "imaginação" estava se tornando cada vez mais complexa. Não apenas isso, mas ela pertencia ao "mundo real" e não era de maneira nenhuma governada pela fantasia. Comecei a fazer experiências com o novo brinquedo e percebi que era capaz de saber quando uma determinada pessoa viria nos visitar. Durante uma das minhas "fantasias", perguntei a minha mãe:

— A que horas a vovó vem aqui hoje?

— Ela não vem hoje! — foi a resposta.

Duas horas depois, minha avó chegou, sem avisar, explicando que estava passando e resolvera entrar para tomar uma xícara de chá!

Previsões semelhante logo se tornaram uma segunda natureza para mim. Mas, depois de ouvir meus pais conversando sobre o assunto, decidi guardá-las comigo. Lembro-me perfeitamente de ouvir expressões como "anormal" e "percepção extra-sensorial". O que isso poderia significar?, pensei. Seria talvez alguma terrível doença? Eu teria que ser internado no hospital? Decidi que seria melhor guardar para mim mesmo outras "fantasias", pois não desejava ficar em um hospital, longe dos meus pais.

Lembro de ter perguntado a alguns dos meus amigos mais íntimos na escola se essas coisas também aconteciam com eles, tendo como resposta apenas gargalhadas ou espanto silencioso. Comecei a me sentir cada vez mais isolado, apesar de ter muitos amigos, e não pude deixar de me sentir um pária. Não tinha ninguém a quem recorrer, ninguém que entendesse meus sentimentos e pensamentos, embora percebesse que as coisas estavam por mudar, desta vez para melhor.

Estava próximo de completar nove anos, quando meus pais convocaram uma reunião de família.

— Vocês não gostariam de ganhar um irmãozinho ou uma irmãzinha? — perguntou meu pai.

Fiquei atônito. Afinal, levara quase seis anos para me acostumar com meu irmão! Essa confusa linha de pensamentos foi interrompida por uma segunda bomba, ainda maior. Iríamos mudar de casa em breve, para acomodar o novo membro da família.

Acho que levei duas ou três semanas para aceitar as grandes mudanças que iriam acontecer. O mais triste para mim era a perspectiva de deixar a escola e todos os meus amigos. Será que algum dia eu teria amigos novamente? Como fazer para arrumar novos amigos?

Com todos esses pensamentos sombrios pairando sobre a minha cabeça, saímos para conhecer nossa futura casa. Chegamos depois de uma curta viagem de ônibus e uma breve caminhada. À primeira vista, a casa nova não era muito diferente da outra, até que entramos. Os quartos pareciam pelo menos duas ou três vezes maiores e a escada que subia para os quartos parecia não ter fim. Era de tirar o fôlego: três grandes dormitórios e mais o sótão. Cheguei à conclusão de que esse negócio de mudança não era tão mau assim. Já havia escolhido meu futuro quarto, o sótão, que, embora grande, oferecia a privacidade de que, mesmo naquela época, eu já sabia que iria precisar.

A mudança foi uma confusão completa. No segundo dia na nova casa, meu irmão e eu estávamos atrapalhando tanto que nossos pais mandaram que fôssemos brincar lá fora. Estávamos jogando futebol há uns dez minutos quando se aproximou um grupo de crianças mal-encaradas. Parei de jogar imediatamente, pressentindo o perigo. Pela primeira vez na minha vida me senti protetor com relação ao meu irmão e disse a ele que corresse para casa, que eu estaria bem atrás dele. Assim que ele começou a correr, fui agredido.

Meu primeiro olho roxo foi um choque, especialmente para minha mãe, embora meu pai tenha enfrentado a situação dando-nos conselhos sobre como "aprender a se defender dos valentões". Falar é fácil, pensei com amargura. Ele tinha o dobro do tamanho daqueles meninos e eram cinco contra um.

Levei algum tempo para superar essa experiência. Até então, eu só havia visto cenas de violência na TV e não conseguia imaginar um ataque gratuito acontecendo comigo. Comecei a perceber afinal que o mundo não era um mar de rosas.

Todavia, algumas semanas depois do incidente, que foi seguido por outros tipos de iniciação, fomos aceitos como parte do ambiente. Já não era sem tempo, pois o início das aulas se aproximava ameaçador. Pelo menos, agora eu teria alguns amigos na nova escola, embora me sentisse meio apreensivo com o que me contavam a respeito.

Os primeiros dias passaram rapidamente, sem grandes problemas. Depois de uma apressada apresentação aos novos colegas, comecei a perder a timidez inicial e perguntei que matérias teríamos.

— Certo, mas não teremos aulas de arte e pintura? — perguntei com a inocência de um recém-nascido.

— Isso é para mariquinhas! — respondeu um garoto de aparência medonha.

— Ah, claro! — concordei, pensando mais na autopreservação do que em bravatas.

Eu teria tempo suficiente para fazer inimizades, pensei, ao começar a quarta briga em poucos minutos. Não me preocupei com a violência escolar, mas logo percebi que a nova escola era bem diferente da anterior. A hierarquia era estabelecida desde os primeiros anos; cada classe tinha um lutador mais forte, seguido de um segundo, como eu deveria descobrir à minha própria custa!

— Ei, você aí, menino novo, me passa o seu dinheiro! — gritou o segundo melhor lutador da minha classe.

— Nada disso! — respondi, pensando em como fora difícil para o meu pai ganhar as poucas moedas que eu tinha no bolso.

— Ah, é assim? — continuou o menino.

Eu ia bater em retirada quando tocou o sinal e minha execução foi adiada; ou, pelo menos, foi o que pensei.

A primeira aula da tarde já havia começado, quando a professora saiu da classe, explicando que voltaria logo. Logo? pensei, com uma sensação de medo no estômago. Ela mal havia saído quando as intimidações começaram.

— Ei, garoto novo, eu vou te pegar! — ameaçou o valentão, apoiado pelos membros da sua turma.

Antes que eu pudesse pensar, as palavras saíram secas da minha boca:

— Você não acha que estou com medo de você, não é?

Tarde demais!, pensei, quando os primeiros socos e pontapés começaram a chover por todos os lados. Eu me atraquei com os dois valentões; cadeiras e mesas voavam por todos os lados. Tentei me segurar na mesa da professora para me manter em pé, com medo de ser chutado até a morte, mas a mesa cedeu e tombou em cima de nós três. A essa altura, a classe estava um caos. Alertados pelo barulho, finalmente dois professores vieram em meu socorro.

O diretor não quis ouvir a minha versão do incidente.

— Na minha escola não há valentões! — gritava ele, enquanto a cinta de couro descia na minha mão pela terceira vez.

Eu gritei, mais de frustração do que de dor, e voltei para uma classe então silenciosa. Desse momento em diante, fui encarado com grande respeito. Aparentemente, o castigo corporal era visto como o último recurso e qualquer pessoa que sobrevivesse a tal punição se tornaria imediatamente um herói. Esse episódio lamentável ensinou-me uma das duras lições da vida: antes de receber os louros, você tem que chegar ao fundo do poço. É então, e só então, que uma pessoa pode apreciar plenamente o significado de sua existência.

Sem dizer uma palavra aos meus pais sobre os acontecimentos dramáticos do dia, refugiei-me no meu santuário, o sótão. Fiquei deitado na cama olhando inexpressivamente para o teto e sonhando com alguns incidentes da minha infância mais remota, especialmente com os estranhos eventos ligados à minha "fantasia". Talvez se eu pudesse mostrar aos meus amigos algumas das minhas descobertas, seria aceito no novo ambiente. Não demorou muito para que os estranhos sentimentos retornassem, juntamente com várias coincidências que dariam um novo rumo à minha vida.

Dois

Minha educação começou a ser afetada, principalmente devido ao tédio. A nova escola não tinha os desafios e estímulos oferecidos pela anterior. Minha mãe, é claro, logo percebeu a diferença.

— Você deveria se associar à biblioteca circulante! — sugeriu.

Andei desacorçoadamente para a caminhonete da biblioteca circulante, sabendo muito bem que os livros destinados à minha faixa etária teriam pouco ou nenhum interesse para mim. Entreguei o formulário de autorização à bibliotecária, que, depois de estudá-lo, olhou para mim através dos óculos de aros de chifre, apontou para uma pequena prateleira e disse:

— Aquela seção! — acrescentando que o resto dos livros era para adultos apenas.

Perguntei o que significava "para adultos apenas".

— Dezesseis anos ou mais! — replicou ela bruscamente, o que era a forma de os adultos dizerem: "Cale a boca, estou muito ocupado."

Fingi estar interessado em um dos livros, até que um grupo de crianças barulhentas entrou na perua. Agora é a minha oportunidade, pensei, e, rápido como um raio, comecei a examinar a seção de adultos, sem muito sucesso. Eu já ia sair quando notei uma seção no fundo da superlotada caminhonete, com os dizeres SEÇÃO DE OCULTISMO. Ocultismo? O que significa isso?, pensei, folheando um dos livros ao acaso, cujo título era *Percepção extra-sensorial: como desenvolver sua própria capacidade psíquica.*

Percepção extra-sensorial, pensei, com minha imaginação voando livremente. Comecei a ler a contracapa o mais rápido que pude, tomando cuidado para não ser visto pela bibliotecária. Percepção extra-sensorial. Capacidade de ler os pensamentos dos outros.

— Ei! — eu fora apanhado. — Ponha esse livro no lugar! — ordenou a moça. — Eu disse que era esta a sua seção. Se você não quiser levar livro emprestado, vá embora e não me faça perder tempo!

Deixei a biblioteca apressadamente. A essa altura, a minha imaginação trabalhava. Como poderia pôr as mãos naquele livro? Era feito sob medida para mim, com todas aquelas palavras mencionadas pelos meus pais há tantos anos. Passei o resto da noite tentando imaginar como apanhá-lo. Isso se tornou uma obsessão. Eu *tinha* que consegui-lo.

Mas outra coisa logo ocupava a minha mente: os exames finais, que indicariam que nível de instrução eu deveria receber na escola secundária. Mal tinha me habituado com a nova escola e já deveria mudar de novo. O grande número de escolas secundárias em nossa área logo se tornou motivo de conflito entre mim e minha mãe. A maioria dos meus colegas havia escolhido a escola mais próxima, à qual poderiam ir a pé. Minha mãe tinha outras idéias, uma vez que aquela escola parecia dar mais importância aos atletas que aos estudantes acadêmicos.

— Convidei Valerie para vir aqui amanhã à noite, para que ela possa lhe dar uma idéia da escola que freqüenta! — disse minha mãe triunfante.

É claro que protestei, mas sem resultado!

Valerie veio pontualmente na noite seguinte. Para minha surpresa, minha mãe sugeriu que eu mostrasse a ela o meu quarto, enquanto conversávamos sobre a nova escola. Entrei em pânico. Valerie era bem mais velha do que eu, tinha quase dezesseis anos e, além disso, nenhuma garota havia visitado o meu santuário. O que minha mãe estava planejando? Será que estava tentando me embaraçar ou bancar a casamenteira?

— Não tenham pressa! — ecoou a voz dela quando eu cheguei ao topo da escada.

Eu me virei para ver se Valerie estava subindo e não pude deixar de notar seu amplo busto. A vermelhidão no meu rosto deve ter-me denunciado, embora Valerie não parecesse ter notado.

— Bem, aqui estamos! — disse eu, quase gaguejando de nervosismo. — Sente-se!

Valerie imediatamente despencou na minha cama e disse:

— Muito bem, o que você quer saber?

— Como?

— Sobre a escola!

— Ah, sim, a escola! — repliquei, voltando à terra com um baque.

Depois de uma sessão de perguntas e respostas sobre a nova escola, eu ainda não estava convencido, até que Valerie perguntou se eu lia livros.

— Bem, eu costumava ler um bocado quando era menor, mas...!

— Já ouviu falar em ocultismo? — interrompeu ela.

"Ocultismo": a mesma palavra usada na biblioteca circulante. Deixando a precaução de lado, perguntei a Valerie se ela não se importaria de conseguir aquele livro para mim.

— Claro! Para quando você quer?

— Para ontem! — respondi brincando.

— Muito bem, se anotar o título, eu pego para você na semana que vem! — disse ela, e avisou para não deixar que meus pais me pegassem com o livro.

— E então? — perguntou minha mãe.

— Então o quê?

— Sobre a nova escola... já resolveu?

— Já! Resolvi ir para a mesma escola que Valerie!

— Isso é ótimo!

— Espero que sim! — repliquei, entrando no jogo, mas ao mesmo tempo me sentindo enlevado.

Pelo menos havia encontrado uma pessoa que não apenas parecia entender minhas necessidades, como também estava disposta a me ajudar, mesmo correndo o risco de ser apanhada.

A semana seguinte pareceu se arrastar. Tentei me ocupar estudando para as provas. Quando chegou a noite em que Valerie deveria me trazer o livro, fiquei sentado no quarto vigiando a rua lá embaixo, pronto para descer e abrir a porta antes de qualquer pessoa, como ela me havia recomendado. Eu a vi chegando e desci correndo, alcançando a porta assim que a campainha ressoou pela casa.

— Conseguiu?

— Psiu! — repreendeu-me Valerie, estendendo-me uma sacola plástica contendo, não apenas um, mas três livros. — Consegui! — cochichou ela. — Consegui mais dois livros que você vai achar muito interessantes!

Agradeci efusivamente e combinei que devolveria os livros na semana seguinte.

— Tem certeza de que vai dar tempo?

— Claro! — respondi, sabendo muito bem que iria terminar de lê-los em duas ou três noites.

Devido ao estratagema usado para contornar meus inocentes pais, minha curiosidade aumentara ainda mais.

— Quem era? — perguntou minha mãe.

— Era Valerie, perguntando qual a escola que escolhi!

Subi a escada rapidamente, cuidando para não tropeçar e estragar tudo. Consegui!, pensei, fechando a porta do quarto e deixando o mundo do lado de fora.

Abri o primeiro livro, devorando uma página depois da outra. Psicocinese: capacidade de mover objetos inanimados usando o poder da mente. O livro era uma verdadeira mina de informações, com diagramas pormenorizados sobre a melhor forma de se começar com experiências caseiras, utilizando objetos do dia-a-dia. A importância de manter um diário tornou-se patente, não apenas como referência, mas para comparar os meus resultados com os descritos no livro.

Eu não podia acreditar no que lia. Era um sonho se realizando. Alguns dos resultados descritos no livro se assemelhavam extraordinariamente às minhas próprias experiências infantis, embora todas as pessoas citadas fossem adultas que já se exercitavam há vários anos. Por que eu?, pensei, lembrando a maneira como fora tratado pelos amigos na infância. Apesar desses pensamentos perturbadores, parecia que eu não tinha escolha. Quanto mais eu lia, mais queria saber.

Meu diário, recentemente adquirido, começou a se encher de diagramas e experiências, prontos a serem testados na primeira oportunidade. Depois de certo tempo, decidi encontrar uma forma de comprar os livros de que necessitava, em vez de ter de copiar tudo no diário, tarefa bastante cansativa.

Com a agitação, havia-me esquecido da gravidez da minha mãe, até que um dia, quando estava jogando futebol na escola, meu pai chegou inesperadamente. Corri ao encontro dele.

— O que foi?

— Sua irmãzinha chegou há algumas horas. Você gostaria de faltar às aulas e ir vê-la?

É claro que ele não precisou perguntar duas vezes. Dez minutos depois, meu pai, meu irmão e eu estávamos no ônibus, para a curta viagem até o hospital para ver minha nova irmã.

O forte cheiro de desinfetante logo foi esquecido, quando segurei pela primeira vez a minha irmãzinha. Parecia que eu carregava um milagre, uma criaturinha humana feita em nove meses. Como era possível, essa nova criatura?

Os dias seguintes foram caóticos em casa, onde meu pai excepcionalmente estava presente. Demorou um pouco para que me acostumasse com a situação, principalmente porque eu deveria ajudar nos preparativos para receber as duas. Conseguimos redecorar um pequeno quarto que seria o dormitório da minha irmã.

A chegada em casa foi tensa para meu irmão e eu. Éramos, a partir de então, quase sempre esquecidos nas visitas de parentes ou de amigos. Os meses seguintes não foram menos agitados, devido principalmente ao choro constante de minha irmã. Para mim, um dos aspectos positivos do aumento da família foi o fato de que meus pais estavam tão preocupados que não notavam minha transformação. Em vez de passar o tempo jogando futebol, devotava-o a várias experiências e exercícios descritos nos meus livros, cujo número aumentava rapidamente, embora as oportunidades de meditar com sucesso fossem poucas, por causa do constante barulho lá embaixo.

Durante essa época agitada, o tempo voava. Logo eu estava novamente me despedindo dos colegas e ansioso para começar a nova escola secundária. Ao menos eu teria a oportunidade de ver Valerie, pois ela decidira continuar na escola por mais um período, creio eu que para adiar o que era inevitável: a realidade com todas as suas atribulações e provações.

Na nova escola, fui colocado no nível intermediário. Isso me convinha, pois me sentia anos-luz à frente dos outros alunos. O primeiro ano passou voando, e quando me dei conta já estava na classe mais adiantada do segundo ano.

— Martin está perdendo tempo no nível atual! — explicou um professor bem-intencionado aos meus pais. — Ele realmente precisa dos desafios de um nível mais elevado de instrução!

Eu não tinha tanta certeza. No nível em que estava, eu parecia me sobressair. As tarefas de casa eram relativamente fáceis e decididamente mais leves que as lições passadas para os alunos do nível superior. Minha maior preocupação era conseguir tempo para os meus próprios estudos. As lições escolares empalideciam em comparação com as outras, especialmente as de física e as de biologia. Para mim, muitos dos livros sobre essas matérias pareciam incompletos e não revelavam a verdade sobre o nosso planeta, a nossa evolução e, por fim, aquilo que era chamado "paranormal", que jamais era mencionado pelos professores ou nos livros didáticos. A mim parecia uma enorme conspiração para nos enganar. Por que esconder assuntos tão importantes?

Minha cabeça latejava de frustração, enquanto eu ouvia as intermináveis histórias do professor de física sobre as teorias de Einstein e Newton, até que um dia, durante uma lição cheia de pormenores, não pude mais me conter e fiz uma pergunta sobre psicocinese. Toda a classe se calou. Houve uma pausa carregada de tensão.

— Psicocinese? — repetiu o professor. — Você quer dizer, pessoas como Uri Geller, entortando colheres e garfos?

— Sim! — aventurei-me, um tanto nervosamente.

O professor começou a rir, juntamente com toda a classe, e explicou que Uri Geller era um ilusionista, que levava as pessoas a acreditar que tais fatos eram possíveis. Preferi não continuar a conversa, enquanto meu novo apelido era cantado por quase todos: "Uri, Uri, Uri!"

A essa altura, eu já havia chegado à adolescência e logo comecei a me interessar pelo sexo oposto, ainda que resultassem em fracasso todas as tentativas de entrar em contato com as garotas de minha idade. Já estava começando a imaginar o que poderia fazer para me tornar mais atraente, quando, sem mais nem menos, um dos meus amigos fez uma visita inesperada.

— Oi, Martin, você gostaria de ingressar no clube de escoteiros? — perguntou.

Antes que eu tivesse oportunidade de responder, acrescentou:

— Imagine só: um uniforme fantástico, uma oportunidade de aprender coisas novas e de acampar, sem falar na pose. Com certeza vamos atrair muitas garotas!

Não pensei duas vezes, pois sempre fui fascinado por uniformes.

Eu era tão popular entre os escoteiros que rapidamente fui promovido a líder de patrulha. Mas a novidade logo se dissipou e deixei a tropa. Lembro que implorei ao chefe dos escoteiros para que me deixasse ficar com as medalhas que havia conseguido com tanto esforço. É claro que meus pais ficaram desapontados com a minha decisão, especialmente porque isso me daria mais tempo para me meter em encrencas na rua, uma vez que as minhas crescentes frustrações poderiam levar à violência.

O fascínio que eu tinha por uniformes, todavia, continuava e, aos catorze anos, decidi entrar para a tropa de cadetes, apesar das objeções da minha mãe.

— Isso o transformará em homem e também o manterá fora das ruas! — explicou meu pai.

O uniforme de cadete tinha uma aparência mais profissional do que o dos escoteiros e não diferia muito daquele do exército regular. Mas as primeiras noites com a tropa de cadetes foram muito aborrecidas, pois passava várias horas aprendendo os vários exercícios e comandos, enquanto marchava em volta do salão. Depois surgiu algo bem mais interessante. Exercícios com rifle, seguidos por uma lição de tiro ao alvo, em uma sala construída especialmente para isso. A minha empolgação se devia ao fato de que eu jamais havia visto um rifle, quanto mais atirado com um!

Eu observava, enquanto meus companheiros tomavam seus lugares, prontos para atirar. Alguns segundos depois da primeira salva, aconteceu! O quarto se transformou num cenário totalmente diferente, pertencente a uma época passada. Uniformes azuis antiquados da força aérea substituíram os verde-oliva dos cadetes; um homem de aparência severa, com enormes bigodes, gritava ordens para os quatro homens:

— Palmer, Jones, Rankin e Seymour, mexam-se! Não temos o dia todo!

Eu estava prestes a entrar em pânico, quando os berros do sargento dos cadetes interrompeu o meu devaneio. Dei um pulo.

— Muito bem, os próximos quatro venham logo! Não temos a noite toda!

Essas palavras fizeram correr um frio pela minha espinha. Carreguei o rifle e, ao comando do sargento, comecei a atirar ao alvo. Depois que terminamos, tomamos uma xícara de chá, enquanto o artilheiro contava os pontos da sessão de tiro.

— Heald, onde está Heald? — gritou o sargento.

— Aqui, sargento!

— Você já havia atirado antes?

— Não, sargento!

— Então como você explica isso, todos os dez tiros na mosca?

— Sorte de principiante! — repliquei enquanto ele me entregava minha primeira insígnia da minha nova carreira de cadete, a insígnia de atirador.

A estranha ocorrência permaneceu na minha cabeça durante a curta viagem de ônibus para casa. Eu já havia decidido não tocar a campainha na casa de Valerie, para o caso de a mãe dela atender à porta. Finalmente cheguei a minha casa, escura e silenciosa; preparei meus livros de escola e fui para a cama. Devo ter ficado deitado ali, na penumbra, por mais de uma hora, tentando tirar da mente os estranhos acontecimentos, mas sem conseguir.

Estiquei o braço e alcancei a lâmpada de cabeceira. Depois de uma rápida busca embaixo da cama, encontrei o que procurava: *O paranormal de A a Z.* Certamente encontraria nesse livro uma resposta para os peculiares acontecimentos.

Depois de alguns minutos de leitura febril, cheguei à letra O, de "oráculos": "Tábua Ouija, um oráculo moderno, composto de uma tábua de madeira, marcada com as letras do alfabeto, com os números de um a zero e as palavras sim e não."

De acordo com o livro, era possível comunicar-se com o mundo dos espíritos usando a tábua. Eu sabia instintivamente que aquela era a resposta que estava procurando e me lembrava de ter visto uma daquelas tábuas à venda na loja de jogos.

Economizei durante três semanas até que, com o dinheiro tilintando no bolso da minha calça *jeans*, fui à loja de jogos. Devo ter passado umas três vezes por ela, tendo o cuidado de não olhar diretamente para a tábua. Finalmente, juntei a coragem necessária para me dirigir à sorridente balconista.

— Posso ajudá-lo?

— Sim. Quanto custa esse jogo aqui?

— Você quer dizer, a tábua Ouija?

— É! — gaguejei, tentando permanecer calmo.

— Uma libra e setenta e cinco *pence*, mas devo advertir que não é um jogo. Se mexer com ele, estará brincando com fogo!

— É, eu sei — repliquei começando a perder a coragem. — Mas é um presente de aniversário para um amigo!

— Pegue-o, que eu embrulho para você!

— Ótimo! — disse eu, entregando o meu suado dinheirinho.

Eu estava saindo, quando a vendedora acrescentou:

— Se tiver pesadelos, não diga que não avisei, está bem?

Obviamente, ela não acreditou numa palavra do que eu dissera.

Dei um enorme suspiro de alívio quando a porta do sótão finalmente se fechou atrás de mim.

Depois de conferir as instruções rapidamente, comecei a minha hesitante cantilena:

— Há alguém aí? Há alguém aí?

Meus dedos tremiam, esperando o momento decisivo em que, de acordo com as instruções, o ponteiro começaria a se movimentar lentamente através da tábua, apontando para a palavra SIM, assinalando o meu primeiro contato espiritual.

Depois de uns vinte minutos de decepção, a voz da minha mãe interrompeu a minha concentração:

— Martin, o chá está pronto!

Cuidadosamente embrulhei meu novo brinquedo, certificando-me de que estava bem escondido debaixo da cama, e decidi tentar novamente em outra oportunidade, talvez com algum dos meus amigos. Aparentemente, o contato espiritual é facilitado com a presença de duas ou mais pessoas.

As férias escolares iam começar e eu ainda não havia feito contatos por meio da tábua Ouija. Na semana seguinte, a oportunidade perfeita se apresentou. Meus pais estavam no trabalho e meus irmãos na casa dos avós. Eu já havia planejado a estratégia, convidando duas das crianças mais valentes da vizinhança, sabendo muito bem que eles não teriam coragem de recusar, com medo de perder prestígio entre os seus amigos.

Após três dias, depois de muitos preparativos, ali estávamos os três, sentados em volta da mesa redonda da sala de jantar. Decidiu-se logo que eu comandaria, pois o "jogo" era meu.

— Há alguém aí? — perguntei com toda seriedade, entre as risadas abafadas dos meus dois convidados.

Depois de dez minutos de total frustração, eu já estava resolvido a desistir, quando uma coisa aconteceu. Eu não havia terminado de perguntar, quando o ponteiro criou vida, começando a se mover lentamente através da tábua até chegar à palavra SIM. Começaram a chover acusações.

— Você empurrou!

— Eu não. Foi você!

— Quietos! — gritei triunfante.

— Qual é o seu nome?

O ponteiro imediatamente criou vida própria, cruzando a tábua suavemente, soletrando o nome DAVID FRENCH.

— Esse é o seu nome verdadeiro? — perguntei.

Mais uma vez o ponteiro entrou em ação: SIM.

Meus convidados silenciaram subitamente, percebendo que não era mais uma brincadeira.

— Vamos parar, Martin? — perguntou um deles.

— De jeito nenhum, levei muito tempo e tive muito trabalho para chegar a este ponto!

— Como você morreu, David?

O ponteiro deslizou pela tábua como uma patinadora no gelo, soletrando: ACIDENTE DE AUTOMÓVEL. Interessante!, pensei.

— Quando você morreu?

Em dez minutos eu tinha todas as informações de que precisava: o nome do garoto, data de nascimento e morte e um número de telefone em Londres.

Decidi terminar a sessão e agradeci a "David" pela colaboração. Depois do chá, meus amigos me persuadiram a tentar o número de telefone. Por que não?, pensei. O que tenho a perder?

O telefone do outro lado da linha começou a tocar. Depois do quinto sinal, uma voz de mulher atendeu e repetiu o número. Eu estava chocado, pois com a ansiedade, não tinha pensado no que iria dizer.

— Alô. Posso falar com David, por favor? — perguntei com a maior calma possível diante das circunstâncias.

Houve um momento de silêncio, quebrado pelo som de soluços, e o telefone do outro lado ficou mudo. Logo em seguida, ouvi uma voz masculina:

— Por favor, deixe-nos em paz. Já falamos com a imprensa sobre o acidente de David!

Eu ia oferecer condolências, mas a ligação foi cortada.

Meus dois amigos estavam loucos para ir embora e, depois que prometeram não dizer nada a ninguém, saíram, de casa e da minha vida; embora eu ainda não soubesse disso na época.

Eu deveria saber que não podia confiar nos valentões do bairro. Dois dias depois, o pai de um deles estava na porta da nossa casa, contando a sua versão dos acontecimentos para a minha mãe. Eu nem havia chegado à porta do quarto, quando ela me chamou:

— Martin, desça já aqui!

Entrei em pânico, percebendo que a brincadeira chegara ao fim, e desci as escadas.

— Onde está a tábua? — perguntou ela, visivelmente aborrecida.

Fui buscar o objeto do meu orgulho no esconderijo. Ela pegou a tábua das minhas mãos trêmulas.

— Isto vai para a lata do lixo, que é o lugar dela. Pensei que você tivesse juízo suficiente para não mexer com uma coisa diabólica como essa!

Depois que a minha mãe se acalmou, consegui persuadi-la a não contar ao meu pai.

— Tudo bem, se você prometer não se envolver mais com essas coisas perigosas. Não consigo imaginar de onde você tirou essas idéias. Por que você não pode agir como as crianças normais da sua idade?

As palavras de aviso ainda soavam nos meus ouvidos enquanto fiquei deitado na cama, aliviado por ela ter descoberto apenas a tábua

Ouija. Cheguei à conclusão de que, a partir daí, deveria ser mais cuidadoso, guardando para mim mesmo as minhas experiências e descobertas.

Passaram-se duas semanas desde o incidente. A minha tábua Ouija estava perdida para sempre; provavelmente soterrada debaixo de um monte de lixo, pensei desoladamente, enquanto lia um dos meus novos livros sobre psicocinese.

Resolvi fazer a primeira experiência para ver se não havia perdido a prática. Segui cuidadosamente as instruções e enchi de água dois terços de uma tigela; escolhi uma agulha na caixa de costura da minha mãe e consegui, depois da terceira tentativa, fazer com que a agulha boiasse na superfície da água. "Medite durante cinco minutos, esforçando-se para enxergar uma brilhante bola de energia acima da cabeça; mantenha a mão aproximadamente a cinco centímetros acima da agulha flutuante, forçando simultaneamente a energia para baixo, através do braço e para fora da mão. Comande a agulha para que se mova na direção que você quiser. Não se preocupe se a primeira tentativa não der certo; lembre-se de que a prática leva à perfeição!"

Depois de dez minutos cansativos, com a perna dormente, já estava a ponto de desistir, quando a agulha começou a se mover através da tigela cheia de água. Exultante, passei o resto da tarde repetindo a experiência. Anotei cuidadosamente os acontecimentos no meu diário, juntamente com os pensamentos e sentimentos associados, pois eu já havia lido que o estado de espírito durante uma experiência poderia influenciar o resultado. Aparentemente, a energia criada sob um estado de espírito positivo é maior e mais poderosa que a energia negativa associada à tristeza e à depressão. Decidi testar a teoria em outra ocasião, se tivesse oportunidade.

Não precisei esperar muito para testar a teoria, pois meu querido avô, que nessa época já havia se separado da minha avó e morava sozinho, morreu subitamente enquanto dormia. Era a minha primeira experiência de morte na família e eu não sabia como reagir. Por um lado, o raciocínio lógico me dizia que eu jamais tornaria a ver o meu avô; por outro, eu tinha certeza de que o espírito dele estava vivo e poderia encontrar a paz e a felicidade que pareciam estar sempre lhe escapando enquanto vivia.

Três semanas depois do enterro, as cenas de tristeza haviam cobrado o seu tributo. Eu estava deitado na cama, com os olhos cheios de lágrimas, folheando um álbum de fotografias que mostrava os dias felizes da vida do meu avô e ansiando por uma última oportunidade de falar com ele e dizer um adeus mais pessoal. Devo ter pegado no sono e acordei no meio da noite com um sobressalto. Eu não conseguia acreditar nos meus olhos! Ali estava ele, de pé no chão do meu quarto, rodeado por uma brilhante luz branca e prateada.

— Olá, Martin. Você não precisa mais se preocupar comigo. Estou no reino de Deus agora. Nada mais de álcool para mim! Aqui é tão bonito e calmo! — disse ele, com um sorriso. — Mais uma coisa, antes que eu me vá: em breve você receberá as minhas medalhas, conforme dispus no meu testamento!

— Adeus, vovô! — murmurei, com lágrimas de felicidade correndo pelo meu rosto.

Ele havia se lembrado da promessa, feita há tantos anos. Fechei os olhos, nem por um momento duvidando da realidade daquela experiência maravilhosa. Duas semanas depois, minha avó chegou, para trazer as medalhas.

— Cuide bem delas! — acrescentou, enquanto se despedia comovida.

Abri cuidadosamente a velha caixa de metal e mal pude acreditar nos meus olhos: onze medalhas brilhantes, conquistadas por bravura e coragem exibidas contra o inimigo, algumas vezes em condições totalmente adversas.

As estranhas ocorrências e coincidências da minha vida mostravam que eu era diferente das outras pessoas à minha volta. Eu sentia que minha vida tinha um objetivo especial, ainda não identificado por causa do meu enorme orgulho. Podia sentir, ver, ouvir e perceber mais do que os seres humanos normais. Mas eu me preocupava tanto com meu próprio mundinho, que estava completamente despreparado para as tragédias que logo aconteceriam.

Haviam-se passado pouco mais de três meses depois da morte súbita do meu avô. Estávamos sentados à mesa e minha mãe recolhia os pratos, quando o telefone começou a tocar. Um estranho sentimento de tristeza e perda invadiu meus pensamentos, anunciando a chegada de más notícias. Meu pai atendeu ao telefone e, depois de uma curta conversa, desligou e foi para a cozinha, fechando a porta. Alguns minutos depois ele abriu a porta e anunciou:

— Vejo vocês amanhã à noite. Estou indo visitar seu tio no hospital!

Perguntei à minha mãe o motivo do súbito desaparecimento do meu pai.

— Bem — começou ela, confirmando meus piores temores. — Seu tio está muito mal!

Meu tio morreria naquela mesma noite.

Três outras tragédias cairiam sobre nossa família dentro de um período terrível de um ano. Morreu o único irmão que restara ao meu pai; morreu a mãe da minha mãe, de um ataque do coração; depois, morreu também o pai da minha mãe. Eu parecia deslizar para uma espécie de mundo de sonhos, no qual a realidade cessara de existir. Na época, foi a única forma que encontrei de tentar sobreviver à realidade daquela terrível situação. Nem uma vez sequer vi meu pai chorar ou lamentar-se. Ele se atirou ao trabalho de engenheiro até que um dia, esgotado e totalmente exausto, foi internado num hospital para ser operado de uma hérnia. A operação foi aparentemente bem-sucedida até que, seis semanas depois, aconselhado pelo médico, foi internado novamente para uma cirurgia exploratória para tentar determinar por que ele não estava completamente recuperado de uma operação tão simples.

Duas semanas depois, foi mandado para casa, para convalescer. Ou pelo menos foi o que pensei, até que meu irmão e eu chegamos em casa inesperadamente, vindos do parque. Ouvi claramente o som do choro que vinha do quarto dos meus pais. A verdade me atingiu como um raio, quando olhei para os olhos lacrimosos da minha mãe.

— Será que ele vai morrer? — perguntei, sentindo a morte iminente com total consciência da situação.

— O que vamos fazer? — soluçou minha mãe. — Como vamos suportar?

Nas semanas seguintes, andei pela casa como um zumbi e acabei decidindo passar o maior tempo possível com meu pai. O meu mundo havia começado a desmoronar, lenta e inexoravelmente. Ali estava a pessoa que eu mais amava, morrendo diante de mim, definhando dia a dia, semana a semana, até que chegasse a hora de sua libertação final.

Minha mãe e eu montamos um sistema de turnos para cuidar do meu pai, instalado no andar inferior, com dores constantes. Eu dormia com ele uma semana, depois era a vez da minha mãe. Isso nos dava tempo para nos recuperarmos daquela tarefa ingrata.

As injeções de morfina aumentavam de dosagem e freqüência, sinalizando que o fim do sofrimento dele se aproximava.

Minha mãe havia começado o seu turno, depois de uma semana particularmente difícil para mim. Depois de cinco minutos, caí num sono profundo e sem sonhos. Fui acordado pelo som de vozes abafadas no andar de baixo. Eu ia descer para investigar, quando, de repente, um canto do meu quarto se iluminou com a mesma luz estranhamente brilhante que acompanhara a aparição do meu avô. Não conseguia me mexer e meu corpo se recusava a obedecer; então, olhei para a luz.

O momento seguinte ficará na minha lembrança pelo resto da vida. Três figuras nebulosas surgiram dentro da luz e ali estava ele, meu pai, ladeado pelos dois irmãos, todos sorrindo felizes e parecendo bem mais jovens do que eram antes de morrer.

— Não se preocupe comigo, Martin. Estou completamente livre da dor agora. Prometa que olhará pela sua mãe no meu lugar; ela vai precisar de você mais do que nunca agora!

— Prometo, pai! — respondi, enquanto os três iam subindo e desaparecendo através do teto do quarto.

Tornei a cair no sono imediatamente, exausto. Na manhã seguinte, acordei, desejando que a minha visão fosse apenas um sonho. Os soluços incontroláveis que vinham lá de baixo logo confirmaram a triste verdade. Como eu podia duvidar daquelas visões, se para mim eram mais reais que a própria realidade? Desci e cai nos braços da minha mãe, enquanto ela acariciava as faces imóveis do meu pai, cuja longa agonia havia finalmente terminado.

O enterro, para mim, foi tão nebuloso quanto fora o ano anterior. Era uma reação em cadeia mortal: primeiro um parente, depois outro e, antes que pudesse me dar conta, o enterro do meu pai. Depois de três semanas sem ir à escola, minha mãe decidiu que era hora de eu voltar.

— Sei exatamente como se sente, mas você não pode adiar isso para sempre. Tem que enfrentar a realidade!

Realidade, pensei, minha realidade eram os sete meses que restavam de escola, sem esperança de passar decentemente nos exames, graças à minha obsessiva preocupação com o oculto.

À medida que os exames se aproximavam, comecei a fazer um sério balanço da minha vida até aqueles momentos. Sim, pensei, tenho sido feliz por ter esses dons excepcionais, mas o que isso me trouxe de bom? Apenas problemas, mentiras, decepções e uma educação escolar que não conseguiria mais resgatar. Como poderia compensar três anos perdidos em apenas três meses?

Comecei a questionar Deus pelas tragédias da minha vida. Se eu era assim tão especial, por que Ele permitia a ocorrência daquelas tragédias? Eu blasfemava constantemente, amaldiçoando um deus que podia levar quase toda a minha família num piscar de olhos. Aqui a minha lógica falhava. Se os meus parentes, que eram para mim pessoas boas e cumpridoras da lei, tinham que morrer tão jovens, talvez não valesse a pena buscar o lado bom da vida.

Minha vida começou a adquirir um significado diferente. Eu estava me transformando, de uma pessoa de fala mansa, racional e sensível, num jovem genioso e violento. Exatamente quando a minha mãe mais precisava de mim, eu parecia estar cada vez mais fugindo à realidade, com a minha biblioteca se enchendo rapidamente de livros de natureza escusa. De uma forma pervertida, eu estava tentando me vingar do Deus Criador.

Três

A atmosfera calma e carinhosa de nossa casa havia-se tornado carregada, cheia de brigas, xingamentos e constantes ameaças de violência. Os exames escolares haviam terminado e eu estava na última semana de aula quando minha mãe me deu um ultimato.

— Ou você arranja um emprego imediatamente ou terá de sair desta casa!

Acho que imposições desse tipo são bem-intencionadas, mas para mim sinalizavam que a competição entre Deus e eu estava começando a esquentar. Todas as noites, antes de dormir, eu costumava blasfemar contra Ele, marcando os pontos a meu favor numa espécie de tabela. Eu estava determinado a vencer, apesar de tudo, e me lembro de haver comemorado a oferta de um emprego como assistente de um armazém na cidade, para começar a trabalhar na segunda-feira seguinte. Pensei comigo mesmo: Deus, você tentou me atirar para fora de casa e falhou lamentavelmente. "Mais um ponto a meu favor!", gritei, anotando no meu novo livro negro, que a essa altura já estava quase cheio.

Nesse período trágico, minhas experiências com a paranormalidade começaram a adquirir uma aparência mais sinistra, com velas negras e toda espécie de parafernália que eu pudesse adquirir dentro da minha situação financeira. Havia descoberto um serviço de reembolso postal que fornecia todo o equipamento necessário sem fazer perguntas embaraçosas.

Sim, pensei, a maioria das pessoas passa a vida expondo a teoria de que a honestidade é a melhor política e que o bem sempre triunfa sobre o mal; mas quando se trata de dinheiro, a moral desaparece, como neve debaixo do sol.

Achei o meu novo emprego tedioso e aborrecido, depois que passou a novidade de ser aceito num ambiente adulto. Isso levou-me novamente a questionar o futuro. O que eu deveria fazer? Sabia apenas que não iria ficar para sempre naquele cargo de operário.

O Natal chegou e se foi, mas ele havia perdido o significado, principalmente devido à perda do meu pai. Logo cheguei à conclusão de que o meu destino estava em minhas próprias mãos. Sem querer passar o resto da vida como operário, decidi consultar minha extensa biblioteca. Passei duas semanas lendo o maior número possível de livros, esperando encontrar uma forma de sair daquela situação. Subitamente, dei-me conta de que, desde a morte do meu pai, eu não tinha mais passado por experiências *déjà vu*, que normalmente ofereciam uma saída para um problema difícil, ou pelo menos alguma nova idéia. Será que isso tinha algo que ver com o fato de eu haver voltado as costas para Deus?, pensei, imediatamente decidido a fazer as pazes, para ver se as coisas melhoravam.

Três breves semanas depois, recebi o primeiro sinal, embora na ocasião eu não tivesse percebido. A casa ao lado estava à venda há algum tempo; de repente, a tabuleta "Vende-se" desapareceu e novos vizinhos se mudaram.

— Você provavelmente conhece os nossos novos vizinhos! — informou minha mãe. — Ele esteve na mesma escola que você!

Dez minutos depois, não contendo a curiosidade, toquei a campainha. A porta se abriu e lá estava um dos meus antigos colegas da primeira escola secundária. Depois de me apresentar à família, ele sugeriu que ouvíssemos alguns discos novos. Conversamos longamente sobre a velha escola até que finalmente chegamos ao assunto do trabalho.

— Você está perdendo seu tempo lá! — disse ele, começando a pintar um lindo quadro do seu próprio emprego. — A atmosfera é descontraída, há muitas mulheres, o salário é bom e, o que é melhor, dá para ir de bicicleta! — acrescentou como argumento decisivo.

Meu rosto devia estar revelando os meus sentimentos.

— Não se preocupe, eu me dou bem com o chefe. Posso dar uma palavrinha em seu favor, se quiser!

— Isso seria ótimo!

Tive que erguer minha voz para ser ouvido acima da música, não esperando que ele a ouvisse de fato.

* * *

Em duas semanas, depois de fazer uma entrevista e me despedir dos antigos colegas, comecei a trabalhar no "emprego dos meus sonhos", numa velha tecelagem que parecia datar do século passado. Mas eu não podia me queixar. Meu salário dobrou, não precisava mais pagar condução e, melhor que tudo, eu estava rodeado de mulheres. Mal podia acreditar na minha sorte. Havia menos de três semanas, eu estava preso a um emprego sem futuro, deprimido e recebendo um salário menor que o mínimo exigido por lei. Comecei a meditar sobre as últimas semanas, descartando, de forma infantil, a coincidência do meu pacto de paz com Deus e as súbitas mudanças na minha sorte.

Nove meses depois, não havia mais novidade, embora nesse curto espaço de tempo eu já houvesse dado os primeiros passos no mundo dos relacionamentos e do sexo. O lado espiritual da minha vida reduziu-se ao mínimo. Por que eu deveria me incomodar, pensei, se estava me divertindo tanto no novo mundo dos adultos, tão cheio de aventuras? Ademais, tinha o resto da vida pela frente.

Até mesmo a tensa relação com minha mãe parecia melhorar, principalmente devido ao fato de eu passar muito mais tempo fora de casa, com meus amigos. Numa das raras noites em casa, assistindo à televisão, apareceu um anúncio da Royal Air Force. Entre as oportunidades oferecidas, não pude deixar de notar as mulheres, que pareciam realmente sensuais em seus uniformes azuis. O anúncio terminou com as palavras: "Aprenda uma profissão." Subitamente, tive de novo a estranha sensação de *déjà vu*. Anotei o número do telefone, e três dias depois chegou o folheto informativo. Eu sabia instintivamente que essa era a vida que eu queria; era exatamente aquilo que eu estava esperando. Li cuidadosamente a lista de profissões e o que ofereciam, até que resolvi me alistar como eletricista de aviões. Isso melhoraria minhas perspectivas na vida civil, pensei, já planejando o futuro mais distante.

Preenchi o formulário com capricho, até chegar à última linha: "Se você for menor de dezoito anos, deve obter a assinatura do pai ou responsável." Depois de uma breve conversa com minha mãe, pesando os prós e os contras da questão, fui até a caixa do correio, sonhando mais uma vez em usar um uniforme.

Uma semana depois, recebi a resposta convidando-me para uma entrevista e testes preliminares no escritório de recrutamento.

— É melhor você passar a camisa e engraxar os sapatos! — disse minha mãe, finalmente disposta a respeitar meus desejos.

Na manhã da entrevista, acordei com uma excitação nervosa e comecei a polir os meus já brilhantes sapatos.

— Boa sorte! — desejou-me minha mãe, enquanto eu caminhava rapidamente para o ponto do ônibus.

Eu já havia estudado o mapa do centro da cidade e copiado o caminho mais curto num pedaço de papel. O seguro morreu de velho, pensei, não querendo chegar atrasado ao meu primeiro encontro com a Royal Air Force.

Depois de passar pelas portas giratórias, sentei-me na sala de espera lotada. Por algum estranho motivo, eu havia imaginado que seria a única pessoa ali.

— O próximo! — berrou o sargento, da escrivaninha.

— Heald, senhor. Martin Heald! — murmurei, embaraçado com a formalidade da ocasião.

Depois das formalidades burocráticas e preenchimento de formulários, era hora do exame médico.

— Você passa pelo exame! — disse o médico ordenança. — Volte para a sala de espera e espere ser chamado!

Depois de uma espera que parecia durar horas, um sargento conferiu e reconferiu a lista de nomes com as pessoas presentes. Nós o seguimos para a sala de exames e tomamos os lugares, prontos para o teste.

— Ouçam, vocês têm meia hora para completar o teste. Nada de conversar ou colar, apenas façam o melhor que puderem e boa sorte. Podem começar!

Os trinta minutos já estavam quase no fim quando terminei a última questão. Não tinha a menor idéia de como tinha me saído, embora as questões parecessem fáceis.

— Muito bem. Vocês receberão uma notificação por escrito, dentro de duas semanas, com os resultados!

O sargento, já mais cordato, estava à porta, apertando a mão de cada um de nós, desejando boa sorte.

As duas semanas seguintes foram uma tortura. Eu não tinha pensado, nem por um momento, que poderia não passar no teste, até que o sargento mencionou que quem não passasse deveria esperar pelo menos seis meses antes de tentar novamente. Seis longos meses, pensei, resolvido a banir do meu pensamento qualquer idéia de fracasso.

* * *

— O carteiro passou — informou minha mãe, o que significava que havia uma carta para mim!

Nervosamente rasguei o envelope, pensando: é agora ou nunca. "Caro senhor... Congratulações pelo resultado dos testes. O senhor está convidado para nova entrevista em..." Eu não podia acreditar na sorte. Joguei a carta para cima, gritando em triunfo.

— E então? — perguntou minha mãe.

— Leia a senhora mesma! — disse eu, enquanto corria para me aprontar para o trabalho, já planejando as celebrações da noite.

No dia da segunda entrevista, cheguei dez minutos antes da hora, cheio de expectativas.

— Puxa, você está mesmo entusiasmado! — comentou o sargento, procurando as chaves do prédio no bolso do uniforme.

Depois de uma breve conversa e uma xícara de chá, o sargento desejou-me boa sorte, enquanto batia na porta do oficial.

— Entre! — gritou uma voz um tanto superior.

— Este é Martin Heald, senhor! — apresentou-me o sargento, depois de bater continência para o oficial corpulento.

— Sente-se, Heald. Isto não vai demorar muito. O resultado do seu teste foi excelente, mas há um pequeno problema!

Comecei a ficar nervoso.

— É o seguinte — disse o oficial. — Você queria ingressar como eletricista, mas a lista de espera é de um ano. Que acha, Heald, você pode esperar mais um ano? — perguntou ele, embora já soubesse qual seria a resposta, pelo meu aspecto.

— Como eu pensava, mas não há motivo para se desesperar. Eu tenho a profissão certa para você, se estiver interessado!

— Sim, senhor, estou muito interessado. Que tipo de profissão é?

— Bem, não posso falar muito, pois está enquadrado nos Assuntos Oficiais. A única coisa que posso dizer é que é um trabalho muito estimulante e excitante, envolvendo computadores, eletrônica e código Morse!

Fiquei sem fala. Lá estava novamente o código Morse.

— Você não precisa dar uma resposta agora!

— Sim, senhor, eu gostaria de ser nomeado para esse cargo!

— Boa decisão. Você receberá notícias em breve, sobre a possível data para o teste de aptidão!

Ele apertou a minha mão.

— Não se preocupe. Tudo será pago pela Força Aérea: as passagens de trem, a alimentação e o alojamento!

Código Morse... pensei, enquanto voltava para casa. Certamente ninguém mais usa essa forma de comunicação tão antiquada hoje em dia.

Ainda assim, a coincidência me salvara bem a tempo, pensei no dia seguinte, durante o trabalho, depois de ouvir o filho do chefe explicando seus planos para o futuro da companhia. Pelo jeito, limitavam-se às habituais violações dos direitos dos empregados, tão duramente conquistados. Mais horas de trabalho pelo mesmo salário, mais disciplina, inclusive com um novo uniforme. Apenas um universitário recém-formado, com a cabeça cheia de teorias combinadas com um ego insaciável. Eu me consolei com a idéia da entrevista e dos testes seguintes, que esperava que resultassem num convite para me juntar à Força Aérea e que me livrasse daquele lugar.

Esta veio rápido, pensei, abrindo cuidadosamente a carta azul da Força Aérea, contendo instruções para a viagem e os bilhetes do trem.

Depois de uma semana sem dormir, finalmente chegou o dia do meu encontro com o destino. Dando adeus à minha mãe, embarquei no trem para Leicester, que já estava um pouco atrasado. Esperava que o transporte da RAF esperasse pelo trem. Duas horas depois cheguei e, de fato, lá estava o motorista. Depois das apresentações, ele atirou a minha sacola para o banco traseiro do carro.

Duas horas depois, completadas as formalidades, caí na cama, uma cama antiquada. Meu pensamento estava concentrado nos importantes testes do dia seguinte. Uma verificação final: terno, camisa e gravata bem passados, sapatos engraxados e despertador ligado. Bem, aqui estamos, pensei, caindo no sono.

Foi a melhor noite de sono em muitos anos, pensei, bebendo o chá na sala de exames. Eu mal havia terminado quando o sargento entrou.

— Vou ser rápido e objetivo! — começou ele. — Daqui a pouco darei o papel do teste. Tudo o que você precisa fazer é ouvir e interpretar, através dos fones de ouvido, cada conjunto de caracteres Morse, escrevendo nos quadradinhos a letra correspondente. Alguma pergunta?

— Não, acho que está bem claro! — respondi.

— Então, vamos começar!

Quinze minutos depois, o teste terminou.

— Bem, o que você achou? — perguntou o sargento.

— Não tenho a menor idéia! — respondi honestamente.

— Mais alguma pergunta?

— Sim. Quanto tempo tenho que esperar pelo resultado?

— Você vai ter uma resposta lá pelo final da semana que vem!

As palavras ainda ecoavam nos meus ouvidos quando o trem se aproximou da estação Piccadilly, em Manchester — minha cidade natal, pensei orgulhosamente.

— "Estranho, faltar ao trabalho por causa de um resfriado" — zombaram meus colegas. Se pelo menos eu pudesse contar a eles, pensei.

O final da semana seguinte se aproximava, deixando-me num estado de completo pânico. Na manhã da quinta-feira, a minha carta chegou. Abri apressadamente. Mal pude acreditar nos meus olhos, pois ali estava a palavra mágica: "Congratulações". Gritei de alegria tão alto, que a minha mãe, que ainda estava deitada, veio correndo.

— O que aconteceu?

— Fui aceito. Tenho que ir para uma entrevista final em Manchester, na semana que vem! — contei eufórico.

— Muito bem, eu sabia que você conseguiria! — replicou ela, com a voz trêmula de emoção.

Meus colegas mal podiam acreditar.

— Você vai se alistar na RAF? — repetiam constantemente, entre histórias aterrorizantes de maus-tratos.

— Assim que assinar na linha pontilhada, você está frito!

Será que eles não estavam com uma pontinha de inveja ao pensar em seu próprio futuro desolado, presos pelo resto da vida a uma fábrica?

Passei o fim de semana pelos bares locais, celebrando meu sucesso com amigos bem-intencionados, diversas vezes me sentindo mal, até que chegou o dia da entrevista final. Dessa vez eu não tinha motivos para me sentir nervoso.

Consegui, pensei, sentado na familiar sala de entrevistas, esperando o oficial.

— Parabéns! — disse ele, estendendo a mão por cima da mesa. — Impressionantes os seus resultados, mas não deixe que lhe subam à cabeça! — acrescentou severamente.

— O que quer dizer, senhor?

— Bem, você é a primeira pessoa que atinge uma contagem de 100% nos testes de aptidão!

Meu rosto corou de embaraço.

— Você já havia aprendido o código Morse anteriormente?

— Não, senhor! Nunca!

— Bem, não importa. Você é um de nós agora! — disse ele, ao me estender um dos formulários que eu deveria assinar.

— Este envelope contém todas as informações importantes: data, horário, trem e campo e mais uma autorização para sair da cadeia, caso mude de idéia! — brincou ele.

Eu ainda estava no sétimo céu ao preparar uma xícara de chá comemorativa, em casa, enquanto tentava adivinhar o conteúdo do envelope oficial.

Data de admissão: 15 de abril de 1980. Eu não podia acreditar nos meus olhos: que coincidência! Era o dia seguinte ao do aniversário do meu pai e apenas dois dias depois do meu aniversário de 18 anos, minha maioridade.

Eu estava deitado na cama, com a mala cuidadosamente arrumada, lendo meu diário espiritual, certo de que, pelo menos por ora, minha educação espiritual teria que entrar em compasso de espera, mas sabendo também que as estranhas coincidências me conduziriam novamente, em alguma época futura, ao inevitável caminho espiritual.

Depois de seis semanas de sangue, suor e lágrimas, chegou o dia do desfile de formatura. Um dos momentos de maior orgulho da minha vida, pensei, lembrando de quantas pessoas haviam desistido ou falhado durante o treinamento básico.

O desfile durou uma hora, embora parecessem apenas dez minutos. Antes que pudesse me dar conta, me vi embarcando no vagão da RAF, que me levaria para a nova base, pronto para começar o treinamento.

O treinamento profissional foi um alívio depois daquelas semanas infernais, fazendo-me lembrar dos meus dias de escola, embora agora houvesse algumas exceções importantes. O instrutor da RAF tinha um senso de humor fantástico e tratava cada um individualmente, o que criou uma rivalidade sadia, que se manteria durante todo o tempo do treinamento.

Minha notável afinidade com o código Morse continuou. No fim de cada semana, a classe era testada em registrar o código em velocidade, e o objetivo final era chegar até 25 palavras por minuto. Meu principal rival e eu passamos no teste ao mesmo tempo, várias semanas à frente do resto da classe. O código parecia uma segunda natureza para mim; soava bastante familiar.

A comparação mais aproximada que me ocorre é a de alguém que tenha aprendido datilografia voltar a bater à máquina depois de vinte anos; no começo estaria um pouco enferrujado, mas logo seria tão rápido quanto antes.

Nosso campo foi escolhido para sediar uma daquelas fantásticas exibições aéreas. Com a aproximação do grande dia, a atmosfera começou a se tornar febril. Procuravam-se voluntários nas várias classes. O que significaria perder o fim de semana para trabalhar no estacionamento ou numa das barracas.

— Não há nenhum voluntário? — perguntou o instrutor da nossa classe.

Sem pesar as conseqüências, eu me ofereci, para alívio da classe. Eu só havia visto uma exibição aérea anteriormente, no conforto de uma cadeira.

Esperei ansiosamente o evento, ainda que significasse perder a folga do fim de semana.

Fui escolhido para trabalhar no estacionamento, o que não parecia tão mau, pois o dia estava gloriosamente ensolarado. O tráfego começou a engrossar e em duas horas o estacionamento estava lotado, o que assinalava o fim do meu trabalho. Corri para o alojamento e vesti as roupas de civil, pronto para apreciar as atrações da tarde.

A apresentação começou com os modernos aviões de combate, seguidos pela exibição surpresa da esquadrilha dos Red Arrows. Eu não podia deixar de admirar a habilidade dos pilotos. Uma das manobras consistia em dois aviões voando um na direção do outro, numa velocidade espantosa, e desviando-se no último momento. Eu já ia embora, sem muita vontade de ouvir o discurso de encerramento, quando o som distante de um avião que se aproximava, me segurou no lugar. Dois minutos depois, três aeronaves voaram sobre a multidão que se dispersava: um bombardeiro Lancaster, flanqueado por dois Spitfires. A magnificência do Lancaster, combinada com o barulho ensurdecedor das turbinas, pareceu me transportar no tempo, para uma época que eu não poderia ter conhecido. Fiquei algumas horas confuso, tentando achar uma explicação lógica para os sentimentos e emoções que se seguiram. Não cheguei a chorar, a despeito do nó na garganta. Embora eu não conseguisse reconhecer o significado desse acontecimento na época, agora posso ver que a coincidência havia ocorrido novamente, numa tentativa de aumentar minha percepção espiritual.

* * *

Os três anos seguintes passaram rapidamente. O que eu havia conseguido?, perguntei a mim mesmo. Tudo o que restou foi uma vaga lembrança de bebedeiras, festas e trabalho.

Foi durante uma dessas festas de queijo e vinho que comecei a sentir uma tontura estranha tomar conta de mim. Embora eu tivesse tomado alguns copos de vinho a mais, sabia que essa sensação sobrenatural nada tinha que ver com o excesso de álcool. Dei uma desculpa para o resto do pessoal e fui para o meu quarto, meio tonto. Depois de fechar a porta, lavei meu rosto com água fria e olhei no espelho. Meu coração parou de bater por alguns segundos, enquanto eu olhava para o rosto de um estranho. As feições dele pareciam familiares, mas certamente não eram as minhas. Eu ia esfregar os olhos, quando a face do estranho desapareceu, substituída pelo meu próprio reflexo, pálido e desfigurado. "Devo estar bêbado", murmurei ao deitar na cama, apagando a luz de cabeceira e desejando que o quarto parasse de girar.

Eu estava deitado há uns dez minutos, ou pelo menos era o que parecia, quando um zumbido começou a me incomodar. De onde vem esse zumbido?, pensei, abrindo os olhos e olhando para o quarto escuro. O ruído parecia se originar embaixo da cama e, quando me virei vagarosamente para dar uma olhada, levei o maior choque da minha vida. Ali, na cama, cerca de um metro abaixo, estava meu corpo, totalmente vestido, roncando como se não tivesse nenhuma preocupação. Depois do choque inicial, fiquei preocupado em saber como voltar para meu corpo adormecido, quando um puxão repentino me levou para o corredor, através da parede de concreto. Foi então que percebi que não estava sozinho, havia algo ou alguém atrás de mim. Tentei me virar para encarar a pessoa e pedir uma explicação.

— Por favor, fique calmo, Martin. Sou um dos seus guias espirituais! — começou uma voz estranhamente familiar. — Fui enviado para acompanhá-lo nesta jornada. Se tiver perguntas, espere até voltarmos. Você não tem absolutamente nada a temer. Apenas fique calmo e observe!

Mal tive tempo de compreender essas palavras quando o corredor desapareceu, substituído por uma luz extremamente forte e brilhante. Depois de alguns momentos, pude distinguir uma casa grande bem na minha frente, rodeada pelo cenário mais deslumbrante que eu já vira. Comecei a andar em direção à casa, observando com surpresa a grama verde mudar de cor. Devo ter contado pelo menos dezesseis diferentes tons de verde até chegar à porta aberta. Ao cruzar a soleira, tive uma súbita onda de emoção, quando um breve momento de reconhecimento percorreu o meu corpo. Aquela cama com dossel eu poderia jurar que já a tinha visto antes. Tudo na casa me parecia familiar, a decoração, o estilo, simples mas de bom gosto. Olhei por uma das janelas e notei um riacho de água cristalina, verde-azulada, que descia pelo morro, até se encontrar com uma cachoeira que desembocava num rio azul-cobalto que se estendia até onde a vista podia alcançar.

Isso deve ser um sonho, pensei, e resolvi ir até o rio para um mergulho, raciocinando que, se eu estivesse dormindo, a súbita mudança de temperatura talvez me fizesse voltar ao corpo, onde quer que ele estivesse.

Isso não estava aqui antes, pensei olhando o envelope em cima da lareira ornamental. A curiosidade prevaleceu; abri cuidadosamente o envelope branco e comecei a ler, com uma sensação de culpa, o conteúdo cuidadosamente escrito.

> Caro Richard, ou Martin, como você é chamado agora. Quando ler esta, provavelmente se perguntará o que está acontecendo e talvez não compreenda inteiramente o seu teor, mas sou a sua alma gêmea, Jennifer, e esta é a nossa casa. Você talvez não se lembre, mas passamos muitas vidas juntos, em várias encarnações. No momento presente da sua atual vida terrena, você está distante do caminho escolhido e está desperdiçando oportunidades. Você deve começar a ouvir sua voz interior, caso contrário será muito tarde e não nos encontraremos, como planejado, com todas as conseqüências que advirão disso.
>
> Sei que parece ridículo ser advertido por uma pessoa estranha, mas só peço que confie nas minhas palavras. Por favor, volte ao seu destino espiritual, antes que seja tarde demais.
>
> Espero encontrá-lo logo. Amor eterno.
>
> Jen

Coloquei a carta de volta onde a havia encontrado, e saí da casa espantado, rumo ao rio, imaginando se a carta seria para mim ou para aquele misterioso "Richard".

Sentei à beira do rio, olhando para a rápida correnteza e pensando na minha vida, até que a percepção começou a surgir. Durante toda a vida fui atraído pela dimensão espiritual; apesar disso, ali estava eu, pela primeira vez completamente separado de tudo o que fosse espiritual. Os únicos "espíritos" que havia na minha mente eram de natureza alcoólica.

Tentei me lembrar há quanto tempo eu não conseguia ficar mais que alguns poucos dias sem beber, até que a terrível verdade me atingiu: lentamente, eu estava me tornando dependente do álcool. Meus estudos espirituais haviam-se degenerado em um entorpecimento alcoólico, aparentemente interminável.

Fiquei sentado ali, totalmente desesperado, procurando descobrir como havia descido tanto, quando notei distintamente a figura de uma mulher loira que se aproximava. Deve ser um anjo, pensei, olhando para os sorridentes olhos verdes-esmeralda que penetravam na minha alma.

— Meu nome é Juliette, Martin, e, antes que me pergunte, nós já nos encontramos antes!

Levantei-me para apertar a mão de Juliette e imediatamente fui envolvido por um tal sentimento de cordialidade, amor e tranqüilidade, que pensei que iria desmaiar.

— Ouça, Martin, sei que você deve estar confuso no momento, mas tente se descontrair e usufruir desta experiência, pois logo você deverá voltar ao seu corpo!

Mal tive tempo de ordenar meus pensamentos, quando o cenário mudou subitamente, e encontrei-me sentado num tapete de grama, cálido e coberto de orvalho. Um enorme sentimento de amor e felicidade cresceu dentro de mim, enquanto procurava apreender aqueles maravilhosos Jardins do Éden. Eu via grupos de pessoas absorvidas em conversas, irradiando amor e felicidade interior tão grandes, que aqui na Terra se pode apenas imaginar. Crianças de aspecto angelical brincavam alegremente, colhendo toda sorte de frutas coloridas e exóticas dos galhos de árvores de cores suaves, colocando-as em pequenas cestas, trançadas com finos fios de seda.

— Você se lembra deste lugar? — perguntou Juliette.

— Acho que não! — respondi, hesitante. — Estou certo de que me lembraria, caso já tivesse estado aqui!

— Isto é apenas uma amostra do que o aguarda quando voltar para cá novamente. Você pode ficar aqui mais um pouco até que David venha buscá-lo.

Eu me despedi de Juliette e me deitei na grama macia, depois que ela desapareceu à distância. Não me recordo de haver dormido, mas no instante seguinte ouvi a voz familiar do meu primeiro guia, chamando-me pelo nome. Todo meu ser parecia estar vibrando enquanto eu olhava para a figura de barbas prateadas, vestida de branco, em pé à minha frente.

— Não lhe resta muito tempo, Martin. Faça o que digo e tudo sairá bem!

Seguindo suas instruções, sentei-me numa superfície muito macia e confortável, num quarto triangular, imaginando o que teria acontecido aos Jardins do Éden. Uma súbita mudança na atmosfera me fez sentir que algo estava acontecendo acima da minha cabeça. Quando olhei para o alto, vi algo que parecia o maior e mais puro diamante do mundo, movendo-se vagarosamente para baixo, bem na direção do centro da minha cabeça. Antes que eu pudesse pensar, uma forte descarga de energia luminosa percorreu o meu corpo. Permaneci ali sentado, completamente atônito, assistindo a uma rápida mas clara retrospectiva da minha vida até aquele momento. Aparentemente, eu havia chegado a um estágio importante de desenvolvimento, e algumas das decisões que deveria tomar em breve, teriam um efeito drástico tanto na minha vida como na de outras pessoas.

Foram-me mostradas, em pormenores, infinitas possibilidades e suas prováveis conseqüências. A seqüência acabou, tão subitamente quanto havia começado. Encontrei-me novamente defronte do guia anônimo.

— Sei que prometi responder algumas perguntas, Martin, mas infelizmente o nosso tempo acabou!

Eu ia dizer alguma coisa quando o guia cobriu meus olhos com um pano de algodão.

Achei-me novamente na minha cama, acordado e tentando acender a lâmpada de cabeceira. Mas não consegui mover nenhum músculo; todo meu corpo parecia paralisado. Fiquei ali frustrado, olhando o teto, perfeitamente consciente de que a experiência não poderia ter sido apenas um sonho. Desejei desesperadamente ser capaz de relembrar a experiência à luz fria e sóbria do dia. Mas o que aconteceu foi que, no dia seguinte, o sonho havia sido esquecido, ao menos por algum tempo.

Algumas semanas depois, eu estava na cantina comendo um bife com batatas fritas e esperando ansiosamente por uma noitada na cidade com um pequeno grupo de colegas.

Subitamente, fragmentos daquele estranho sonho começaram a invadir a minha consciência, especialmente no que dizia respeito ao meu consumo de álcool. Decidi não sair aquela noite, nem que fosse para provar para mim mesmo que poderia passar sem álcool ao menos uma vez.

Depois de me desculpar com meus amigos de farra, voltei para o quarto e me deitei, ouvindo música. Escutei uma batida na porta e Gerry, meu vizinho de quarto, entrou, tirando-me do devaneio.

— O que você está fazendo aqui sozinho, seu eremita? — perguntou.

— Pensei que você fosse sair com o resto da turma! — respondi, sentindo-me um pouco aborrecido com a intrusão.

— Mudei de idéia. Imaginei que você gostaria de fazer uma sessão com a minha tábua Ouija!

Eufórico, lembrei as minhas experiências de criança com a tábua.

— Arrume-a e estarei lá em cinco minutos! — disse eu, ansioso.

Sentado à mesa com Gerry, assumi o comando; dez minutos depois fizemos nosso primeiro contato, ainda que as mensagens não parecessem fazer sentido. Gerry logo se desinteressou e começou a zombar.

— Não faça isso! — repreendi, enquanto a temperatura do quarto caía ameaçadoramente.

— Isso é o melhor que você consegue? — debochou Gerry que, obviamente, não sentira a súbita mudança de temperatura!

Deixei-o sozinho enquanto ia ao banheiro. Estava lavando as mãos quando ouvi um grito aterrorizante seguido pelo som de passos. Gerry entrou com o rosto pálido.

— O que aconteceu com você? — perguntei, em tom de brincadeira. — Viu algum fantasma?

— A mesa! — Gerry repetiu três vezes.

Olhei para seus olhos, realmente assustados. Percebi que havia acontecido algo grave. Aparentemente, depois que saí para ir ao banheiro, a pesada mesa começara a levitar a uns dois pés acima do chão, descendo com um estrondo e jogando a tábua no ar.

— Devo admitir que você é um ótimo ator, Gerry!

— Mas é verdade! — protestou ele, enquanto voltávamos ao quarto.

A mesa inquestionavelmente estava fora do lugar e a tábua com o ponteiro estavam no chão do outro lado do quarto.

— Você me ajudará a arrumar o quarto amanhã? — perguntou Gerry, um tanto encabulado.

— Lembre-me amanhã, então!

No dia seguinte, Gerry e eu estávamos no turno da noite, e ele realizava os preparativos da mudança do quarto em que estava, com capacidade para doze pessoas, para um menor, individual. Ofereci-me, assim, para ajudá-lo na limpeza. Eu tinha acabado de voltar para o meu quarto depois do café, quando ele entrou.

— Está pronto, Martin?

Depois de comentar rapidamente os acontecimentos da noite anterior, Gerry saiu para buscar uma vassoura no almoxarifado. Depois de vinte minutos deitado preguiçosamente na minha cama, imaginando por que Gerry estava demorando tanto, resolvi começar a faxina do jeito que fosse possível. Depois de entrar no corredor com alguns espanadores e flanelas, dirigi-me para o quarto de Gerry e ouvi batidas ritmadas à porta. Gerry deve ter começado sozinho, pensei, escutando o que parecia ser uma vassoura batendo à porta.

— Pensei que você fosse me avisar! — gritei sarcástico, ao me aproximar do vidro fosco localizado no meio da porta.

As batidas aumentaram de intensidade até chegarem a um ritmo quase impossível. Os cabelos da minha nuca se arrepiaram de susto ao me dar conta de que não havia ninguém no quarto de Gerry. Recuei alguns passos e olhei, com fascinação e horror, enquanto a porta quase saía das dobradiças.

Isso é impossível, pensei, preso no lugar como observador involuntário. A porta, mesmo com o vidro fosco, fazia uma série de torções, dobras e voltas, sem quebrar o vidro ou rachar a madeira. Consegui recobrar o controle dos sentidos. Virei-me rapidamente, fugindo pelo corredor. Pouco antes de chegar à outra porta, o barulho ensurdecedor cessou subitamente, quando Gerry entrou, armado com uma vassoura e o material de limpeza.

— Há mais alguém para nos ajudar?

— Não, por quê?

Contei o que havia acontecido, enquanto fazíamos uma busca pelo quarto.

— Bem, não há ninguém aqui; você deve ter imaginado coisas! — brincou Gerry.

Limpamos o quarto rapidamente, pois estava ficando tarde. Gerry fechou a porta atrás de nós e vestimos logo o uniforme, prontos para o turno da noite, que foi tão aborrecido e monótono como sempre.

No fim do plantão, Gerry e eu estávamos voltando para o alojamento, passando pela cantina para uma bem-vinda refeição quente, antes de nos deitarmos.

— O quarto será inspecionado amanhã! — disse Gerry, antes de sumir no seu novo aposento individual.

É claro que o quarto passará pela inspeção, pensei, estendendo o braço para apagar a lâmpada de cabeceira.

Eu estava naquele estado limítrofe entre a consciência e a inconsciência, quando um ruído ensurdecedor me despertou. Fiquei deitado na penumbra, imaginando de onde teria vindo o barulho e me lembrei dos estranhos acontecimentos da manhã. Afastei o pensamento incômodo e redobrei os esforços a fim de conseguir dormir. Dentro de alguns segundos, parecia que o inferno ocupava o antigo quarto de Gerry, que, infelizmente, ficava em frente ao meu. Pulei da cama e acendi a luz. Fiquei totalmente parado, ouvindo o que pareciam ser guarda-roupas e mesas de cabeceira sendo jogados pelo quarto, acompanhados de um martelar na parede.

Por que mais ninguém no prédio ouvia aquele tumulto?, pensei, enquanto o barulho cessava. Sentei na cama e acendi um cigarro, tremendo, num esforço vão para colocar as coisas em perspectiva. Eu estava quase terminando o cigarro quando ouvi um grito de gelar o sangue, seguido distintamente pelo som de passos pesados no outro quarto. Mentalmente segui os passos, até chegarem à porta. Você não conseguirá passar pela porta, pensei corajosamente, lembrando que Gerry a havia trancado e dado as chaves ao pessoal da portaria.

Fiquei com os cabelos em pé ao escutar a porta se abrindo. Isso é impossível, refleti, ouvindo aterrorizado os passos pararem momentaneamente na minha porta, antes de prosseguirem pelo corredor e desaparecerem, para meu imenso alívio.

A essa altura, eu tinha resolvido deixar o quarto e dormir no chão do cômodo onde Gerry estava. O problema era que eu teria de passar pelo corredor.

Bem, é agora ou nunca, pensei, tentando abrir a minha porta o mais silenciosamente possível. Saí para o corredor com o coração disparado. Eu havia dado alguns passos, quando uma curiosidade mórbida tomou conta de mim. Era preciso certificar-me de que havia sonhado ou de que tudo acontecera realmente.

Virei-me vagarosamente e, de fato, a porta estava aberta, confirmando meus piores receios. Eu ainda estava tremendo quando contei os fatos terríveis para o semidesperto Gerry.

O ruído estridente do despertador dele me acordou na manhã seguinte. Agradeci o empréstimo do chão e andei meio dormente até o meu quarto. Para meu espanto, a porta do outro quarto agora estava fechada. Criei coragem para tentar virar a maçaneta. Estava trancada. Pouco tempo depois, todo o prédio foi interditado e fomos todos transferidos para um bloco recentemente reformado, para meu alívio.

Outra lição aprendida da maneira mais difícil, pensei, decidido a nunca mais tocar numa tábua Ouija. Eu já tinha ouvido todas as histórias negativas a respeito dela, mas, graças às minhas experiências infantis, jamais acreditara nelas... até esse momento!

Foi mais ou menos na época desse incidente que passei a sentir que faltava algo na minha vida. Minha intuição começou a plantar sementes de dúvida e confusão na minha mente e, depois de uma batalha aparentemente interminável entre a intuição e a lógica, finalmente decidi deixar a RAF. A decisão tornou-se mais fácil pelo fato de eu ter encontrado e me apaixonado por aquela que seria a minha futura mulher, a qual vivia na minha cidade natal, Manchester.

Entreguei minha carta de demissão em abril desse ano, para surpresa dos meus amigos. Menos de três semanas depois, recebi a notificação acerca do meu último dia na RAF: 26 de novembro de 1983.

Passei a maior parte do tempo restante pesando essa drástica decisão. O que iria fazer? Eu não tinha nenhum emprego em vista. A única certeza era a promessa de um teto, feita pela minha futura sogra; isso daria à minha namorada e a mim a oportunidade de vivermos juntos antes de assumirmos um compromisso final.

Meu último dia na Royal Air Force foi marcado por emoções conflitantes. Por um lado, eu ganhava liberdade, tanto a espiritual quanto a física. Por outro, perdia várias relações preciosas, construídas nos últimos três anos.

A tristeza logo se transformou em felicidade quando reconheci o rosto sorridente da minha namorada entre a multidão em volta da plataforma do trem. Depois de uma recepção tocante e apaixonada, entramos no carro da mãe dela para a curta viagem até o meu novo lar.

Quatro

Depois de um breve período de adaptação, a necessidade de ganhar a vida tornou-se penosamente evidente. Minha namorada e eu ansiávamos por ter nossa própria casa. Eu escrevia cartas e mais cartas, sem sucesso. Já estava pondo em dúvida a decisão de deixar a segurança da RAF, até que, durante um grave ataque de depressão, recebi o lampejo de inspiração pelo qual esperava.

Imediatamente fui visitar minha mãe, que havia se casado novamente, levando uma mala grande para recolher a minha biblioteca de livros espirituais, os quais ainda estavam escondidos no meu antigo santuário.

Um livro sobre meditação parecia se destacar dos demais, embora eu não pudesse dizer por quê. Seria o mesmo livro que eu comprara há cinco anos e quase jogara fora por não ter encontrado nada de interessante, em meio à complicada linguagem tibetana, sem falar nos exercícios que exigiam a mais completa disciplina? Desta vez, no entanto, levei menos de um dia para ler o livro inteiro e escolher o exercício que parecia atender às minhas necessidades.

Ele aconselhava a meditação três vezes ao dia, utilizando o poderoso método da visualização, combinado com um exercício respiratório especial que, de acordo com as instruções, permitiria canalizar as freqüências exatas de energia luminosa necessárias à meditação.

Os primeiros dois dias de meditação foram os mais difíceis, principalmente o exercício respiratório, que exigia que se fechasse a narina direita e se respirasse, contando até quatro, pela narina esquerda. Em vez de expirar, o que ocorreria normalmente, era necessário segurar a respiração durante dezesseis segundos e depois expirar pela narina direita, contando até oito. Posteriormente, repetia-se todo o processo, mas começando pelo fechamento da narina esquerda.

A visualização parecia ser mais simples devido ao fato de poder fantasiar. Tudo o que se tinha de fazer era esforçar-se para visualizar um globo de energia dourado e pulsante, acima da cabeça, o qual depois desceria gradativamente através de todo o corpo, mantendo ao mesmo tempo um quadro nítido do resultado desejado, o que, no meu caso, era um emprego com um salário razoável.

Passadas duas semanas, comecei a trabalhar como carteiro. Estava tão aliviado e emocionado, que quase esquecera as meditações que havia feito na semana anterior. Outra "coincidência", pensei, não me preocupando muito com o modo pelo qual havia obtido o emprego.

Minha carreira no Correio começou de forma promissora, quando quebrei a marca do maior número de cartas selecionadas por minuto na seção, que tinha sido estabelecida já havia muitos anos. Todavia, o horário de entrada extremamente cedo logo começou a causar estragos no meu relógio biológico. Estava me transformando, lenta e seguramente, num zumbi exausto e mal-humorado, o que causava tensão no relacionamento com a minha namorada e com a sua paciente família.

Depois de quase um ano de frustração trabalhando no Correio, encontrava-me quase no fim da linha quando a minha namorada se ofereceu para me recomendar à fábrica em que trabalhava. Duas semanas mais tarde, depois de uma breve entrevista com meu novo patrão, me despedi do Correio e comecei o novo trabalho como operador de máquina no mesmo prédio que ela. Mas, quis o destino que eu passasse a trabalhar o dobro, embora o salário fosse três vezes o de carteiro.

Minha namorada e eu abrimos uma poupança conjunta, tendo já decidido comprar uma casa, talvez num futuro próximo. A nova segurança financeira, pelo menos, permitiu que marcássemos a data do casamento para o mês de setembro de 1984. Depois do casamento e da lua-de-mel, mudamos para a casa nova. Finalmente, pensei, estou a sós com a minha mulher, tendo ainda oportunidade de retomar meus negligenciados estudos espirituais.

Eu já havia tentado explicar para ela os estranhos acontecimentos da minha vida e minhas experiências espirituais. A julgar pela reação indiferente dela, achei melhor guardar para mim esse aspecto da minha vida, não desejando pôr o casamento em risco logo de início.

Minhas experiências recomeçaram com seriedade, uma vez que, na minha opinião, eu tinha desperdiçado três anos na RAF. A nova sensação de liberdade era quase inebriante. Não havia mais necessidade de esconder meus livros ou a parafernália, e ninguém para fazer perguntas embaraçosas. Eu estava no sétimo céu, física e espiritualmente.

As estranhas coincidências passaram novamente a fazer parte da minha vida, como antes de ingressar na RAF. Desta vez, porém, comecei a perceber que havia uma correlação direta entre as diversas situações fantasiadas durante a meditação e os acontecimentos materiais reais que ocorriam à minha volta.

Minha mulher e eu havíamos sido convidados para uma festa de noivado, mas, quando a noite se aproximou, eu tinha perdido o entusiasmo inicial. Eu não tinha mais paciência para festas. Todas as pessoas aglomeradas num lugar pequeno, fazendo o possível para disfarçar as emoções, os pensamentos e os sentimentos. Agora, de repente, eu podia sentir, ouvir e quase saborear cada uma das emoções reprimidas. Parecia que, quanto mais as pessoas bebiam, mais sentimentos escapavam e vinham em minha direção, invadindo o meu campo emocional, o que, em geral, me deixava deprimido sem qualquer razão lógica. Embora, quando ainda estava no meu santuário em Manchester, eu tivesse lido um livro sobre como proteger o meu campo energético, na época eu descartei o assunto, com a arrogância e a exuberância da juventude. Agora já não tinha mais tanta certeza. Depois de uma discussão com a minha mulher, contra a vontade decidi ir com ela à festa. Quando iniciamos o curto trajeto até o local, vislumbrei o prédio em minha mente, completamente às escuras. Isso é muito estranho, pensei, começando a implicar com ela.

— Pense um pouco, poderia haver um corte de eletricidade. É uma boa idéia. Talvez, se eu me concentrar bastante, isso possa acontecer!

— Não diga isso! — disse ela, não me levando a sério.

Quando chegamos na entrada do prédio, um pequeno grupo de pessoas desapontadas e obviamente aborrecidas estava do lado de fora conversando.

— O que foi? — perguntou minha mulher.

— A festa foi cancelada. Um operário que estava cavando numa rua aqui perto cortou o cabo de força!

Não é preciso dizer que a volta para casa foi feita em total silêncio.

Haviam-se passado alguns meses desde a infeliz "coincidência" e eu estava começando a me sentir um pouco frustrado. Sim, eu tinha a privacidade que queria e parecia estar fazendo progressos excepcionais, mas não havia com quem compartilhar o meu entusiasmo, ninguém com quem pudesse conversar sobre questões espirituais. Eu lia com inveja os relatos de pequenos grupos que estudavam e se exercitavam nos vários aspectos da vida espiritual. Esperava algum dia ter a sorte de fazer parte de um desses grupos, ainda que as possibilidades fossem remotas, devido ao estrito código de silêncio existente entre os membros.

Para me consolar, decidi comprar um novo livro numa livraria especializada em Manchester. Estava folheando livros havia uma hora quando um pequeno folheto colorido, anunciando incensos importados de vários lugares do mundo, chamou a minha atenção. Eu não usava incenso há muito tempo e resolvi levar o folheto para casa a fim de ler com mais calma. Como os preços anunciados pareciam razoáveis, preenchi o pedido e enderecei um envelope para a firma numa caixa postal em Londres. Fiquei imaginando como o folheto tinha ido parar numa livraria em Manchester.

Duas semanas depois, recebi a resposta:

> Caro Martin,
>
> Agradecemos seu pedido de informações sobre os nossos incensos. Infelizmente, fomos forçados a deixar o ramo por motivos legais. Todavia, continuamos com nosso grupo de estudos, que se reúne duas vezes ao mês. Estamos sempre à procura de pessoas que queiram se juntar ao nosso pequeno mas dedicado grupo. Assim, você está convidado a assistir à próxima reunião, sem compromisso. Caso resolva comparecer, entre em contato comigo pelo telefone acima.

Era exatamente o que eu procurava. A coincidência outra vez abrira uma oportunidade para mim. Depois de falar com a mulher pelo telefone, a coincidência parecia ainda mais extraordinária. Aparentemente, os folhetos haviam sido retirados de circulação há um ano e meio, mas as reuniões continuaram e eram feitas em Manchester, que ficava a menos de vinte minutos de trem.

Cheguei dez minutos atrasado para a primeira reunião por causa do trem. A líder apresentou-me aos outros membros do grupo, que eram pessoas de todas as camadas sociais: um juiz, um professor e outros profissionais de diversos ramos. Depois de minha apresentação, um tanto quanto nervosa, a líder do grupo começou a explicar os objetivos principais.

— Nosso grupo formou-se há três anos, devido principalmente à preocupação com o nosso planeta, que vem sendo, sistematicamente, envenenado por testes nucleares; à destruição e profanação de importantes florestas tropicais e à fabricação de produtos químicos que poluem a atmosfera terrestre. Os sinais de alerta já começaram a aparecer, sob a forma de círculos em plantações que, depois de uma cuidadosa pesquisa científica, revelaram ser de origem extraterrestre!

A líder continuou a descrever alguns rituais e meditações para aumentar a nossa consciência espiritual, o que, por sua vez, levaria a um aumento geral da consciência espiritual em todo o mundo, devido à reação em cadeia dessa lei universal da natureza.

Eu estava aterrado, ouvindo atentamente o que era dito. Bem no meu íntimo, eu sabia que a informação era verdadeira. Durante um breve intervalo, cheio de curiosidade, perguntei à líder o que eram "círculos em plantações". Ela apanhou um livro numa prateleira e o deu para mim.

— Tome. Isto vai satisfazer a sua curiosidade!

Abri o livro e, depois de estudar o conteúdo rapidamente, virei as páginas para olhar as fotografias aéreas. Uma inexplicável sensação de *déjà vu* me invadiu. Eu reconheci as figuras perfeitamente geométricas, mas não conseguia imaginar onde as havia visto antes. Certamente não havia lido sobre elas, nem me lembrava de tê-las visto na TV.

A noite terminou com o grupo meditando, usando uma combinação de mantras e visualização que, de acordo com a líder, destinavam-se a purificar e a fortalecer nossos campos energéticos. Os efeitos foram notáveis. Todo o grupo, inclusive eu, sentado em círculo e de mãos dadas, fechou os olhos e começou simultaneamente a cantar o mantra indicado, entre as nuvens de um incenso adocicado. Depois de cantar por alguns minutos, comecei a perder a consciência do meu corpo e a subir rapidamente, até parar de uma vez, bem acima da Terra, que se parecia com uma bola de futebol. No momento seguinte, eu estava de volta ao meu corpo que ainda cantava. A experiência deve ter durado alguns segundos, mas a sensação ficou comigo para sempre.

As palavras da líder ainda estavam nítidas na minha memória quando voltei para casa: "Lembre-se, Martin, não foi coincidência você vir aqui. É o karma, uma parte da sua educação espiritual!"

Eu ainda estava nas nuvens e ansioso pela nova reunião, pensando se tais experiências poderiam se repetir durante as futuras sessões de meditação.

Os próximos encontros do grupo provaram, sem sombra de dúvida, que nossos caminhos estavam destinados a se cruzar. A líder espiritual havia telefonado a cada um dos membros do grupo, convidando-os a levar a fotografia de parentes e amigos doentes, acrescentando que fariam um poderoso ritual de cura. Eu não conhecia, dentro do meu círculo, qualquer pessoa doente ou incapacitada, mas isso não teve importância, pois os demais membros levaram muitas fotos.

A líder explicou o ritual:

— Usaremos um mantra muito poderoso. A respiração deve ser controlada e concentrada; começando com uma profunda inspiração, durante sete segundos, prenderemos por mais sete e expiraremos também durante sete segundos. Todos entenderam?

Dez minutos depois, estávamos todos reunidos na câmara ritual e, conforme as instruções, formamos um círculo perfeito em volta das fotos, que haviam sido cuidadosamente arrumadas sobre o carpete. O quarto, cheio de incenso, para mim parecia estar situado no outro lado do universo. A situação tensa havia criado uma atmosfera sobrenatural, na qual o tempo e o espaço, como normalmente os percebemos, haviam deixado de existir.

O estranho som do sino ritual ressoou no quarto obscurecido, enviando uma descarga elétrica através das pessoas reunidas. Fechei meus olhos e, conforme as instruções, comecei a respirar profundamente, até que o sino soou novamente, indicando que se haviam passado sete segundos. Depois de sete minutos de exercícios respiratórios, eu estava começando a me recuperar da tontura e da desorientação, quando o mantra foi iniciado. Toda a sala parecia vibrar com uma energia borbulhante que lentamente pulsava através do meu corpo, começando pelos pés até chegar ao cérebro, extremamente ativo e curioso. Não consegui me conter mais. Resolvi então abrir os olhos para ver o que estava acontecendo. Isto é inacreditável, pensei, olhando a peça espectral que se desenrolava diante de mim.

A líder espiritual estava sentada com as pernas cruzadas no meio do nosso círculo cantante e parecia estar em transe profundo. Eu observava admirado enquanto centenas e centenas de espíritos chegavam e desapareciam no corpo imóvel dela. Depois de uns vinte segundos, a torrente de espíritos parou, seguida por uma ofuscante luz azul e branca, irradiada do meio da testa da líder e concentrada num arco perfeito que passava entre as fotografias. Fechei meus olhos rapidamente, percebendo que testemunhara algo que provavelmente nenhum outro ser humano jamais vira.

O sino ritual interrompeu bruscamente a sessão emocionalmente carregada e, depois de uma conversa informal, nos separamos prometendo telefonar à líder caso houvesse alguma alteração no estado dos pacientes.

A viagem de volta para casa foi rápida. Enquanto isso, eu tentava ordenar os acontecimentos da noite, esperando que a líder não tivesse percebido o fato de eu haver observado algo que para mim era impossível.

Algumas semanas depois, eu já havia quase esquecido o estranho ritual de cura, embora minha vida tivesse mudado completamente. Eu me sentia flutuando. Nenhum problema, por mais desesperador que fosse, poderia me deprimir. Minha consciência havia-se aguçado a tal ponto que eu estava acima dos altos e baixos normais da vida na nossa, aparentemente, injusta sociedade ocidental. Assim, pela primeira vez, sentia o meu destino em minhas próprias mãos.

As reuniões mensais seguintes do grupo não foram menos estranhas, especialmente depois de ouvir os incríveis relatos dos outros membros sobre a sessão de cura. Soubemos que pelo menos sete das pessoas gravemente doentes tinham apresentado uma recuperação total ou parcial, surpreendendo os próprios especialistas.

Durante minha décima segunda visita, ao chegarmos à cerimônia de meditação que encerrava a sessão, a líder cumprimentou-me pelo meu entusiasmo e constante apoio ao grupo, acrescentando que o momento da minha iluminação se aproximava.

— Veja, Martin, o trabalho do nosso grupo deve ser feito em relativo segredo, ainda mais se levarmos em consideração a natureza da nossa tarefa. Dentro da atual corrente pessimista dos meios de informação, de caça às bruxas, será melhor não chamar a atenção da imprensa. Não temos nada a esconder, apenas não queremos correr o risco de sermos mal-interpretados ou taxados de hereges. Durante a sua próxima visita, você entenderá o motivo de pedirmos segredo. A próxima reunião será a sua décima terceira, número geralmente ligado à má sorte, mas que, como você verá, tem e continuará a ter uma grande importância na sua vida!

Passei as semanas seguintes muito confuso, imaginando se não estaria sendo enganado pelo grupo. A líder havia mencionado um oráculo, mas essas meras palavras não faziam justiça à experiência. As palavras de despedida dela ainda ecoavam na minha mente: "Todos que se juntam ao nosso grupo e passam pelas provas adquirem o direito de ver o oráculo!"

Que provas?, imaginei, distraidamente, olhando pela janela do trem o céu noturno de Manchester a caminho do local de encontro do grupo. Quando entrei na câmara ritual, o ar parecia carregado de ansiedade e, depois da conversa introdutória habitual, a líder levou-me a um cômodo menor onde me aguardava um banho fumegante, cheio de sais aromáticos, estranhamente coloridos.

— Agora, antes que possa ver o oráculo, você deve mergulhar nesse banho de ervas por trinta minutos precisamente. Eu o chamarei quando estivermos prontos! — anunciou, ao deixar a sala.

No que será que me meti?, imaginei, mergulhando devagar na água quente. Depois de meia hora, saí do banho de ervas, sentindo-me refrescado e revigorado. Após me enxugar rapidamente com uma das toalhas bem arrumadas, envergui uma toga de cor laranja, providenciada para o ritual.

A líder bateu à porta e disse que já estavam prontos para me receber. Abri a porta e a segui até a câmara ritual, sentindo-me um pouco ridículo com aquela vestimenta. Ao entrarmos na sala, notei que o tapete havia sido enrolado e colocado na outra extremidade da mesma, revelando um alçapão aberto e uma estreita escada em espiral que descia para as entranhas da terra.

Ouvi um som de vozes abafadas enquanto seguia a líder pelos degraus abaixo, até finalmente chegarmos ao nosso destino. Era um cômodo circular, com as paredes e o teto cobertos de espelhos, o que aumentava a singularidade da situação. O resto do grupo estava sentado em círculo, conversando em voz baixa.

— Vamos começar! — disse a líder, enquanto duas pessoas se afastavam para nos dar lugar.

Observava fascinado, enquanto ela removia um pedaço de tecido preto acetinado do centro do assoalho, revelando o que parecia ser um pequeno poço, cheio de mercúrio.

— Acenda as velas e apague a luz!

Imediatamente, o quarto mergulhou numa estranha penumbra, marcada pela contínua oscilação das velas.

— Quero que você relaxe completamente e olhe para o oráculo, até a sessão ser encerrada!

Essas palavras foram claramente dirigidas a mim. Tentei relaxar da melhor maneira possível nas circunstâncias, olhando para o líquido prateado enquanto o grupo cantava numa linguagem estranha. Depois de alguns minutos, o líquido começou a se embaçar, sendo substituído por um tipo de filme de cinema. Eu olhava num silêncio estupefato à medida que as figuras se sucediam. De acordo com o filme, a Terra passaria, em futuro não muito distante, por uma série de mudanças; fato desastroso para algumas nações. Eu me sentia um tanto incomodado com o suceder das terríveis cenas, mostrando terremotos, erupções vulcânicas, maremotos e toda uma série de desastres naturais. Os anos e as datas aproximadas voavam juntamente com as tristes visões das potências mundiais discutindo entre si, tentando colocar a culpa em outros poderes alheios a eles próprios.

O filme continuava com notícias de líderes espirituais iluminados e profetas surgindo subitamente nos quatro cantos do mundo, agindo simultaneamente e levando a Terra a uma nova era espiritual.

A noite cheia de *déjà vu* terminou depressa. Quando tentei questionar a líder sobre as milhares de perguntas que me ocorriam, ela as dispensou e pediu apenas a minha paciência, acrescentando que, futuramente, eu entenderia o significado de tudo.

A lenta viagem de trem para casa não me ofereceu conforto, à medida que os acontecimentos da noite eram repassados em minha mente.

Dois anos depois, a situação do grupo havia-se tornado intolerável, devido a constantes discussões desnecessárias e ao ego insaciável da líder, uma combinação que me levou ao desencanto e ao afastamento. A decisão tornou-se mais fácil com o nascimento da minha filha.

Continuei meus estudos espirituais sozinho, com base nos conhecimentos e na sabedoria inestimáveis que havia adquirido durante o curto período com o grupo. Além disso, sentia-me triste e desapontado por ter sido obrigado a deixar a companhia de pessoas que eu reconhecia serem íntegras e bem-intencionadas. No entretempo, embora ainda não tivesse notado, eu estava começando a negligenciar minha mulher e minha filha.

Cinco

A pressão, por ter de trabalhar setenta horas por semana num ambiente quente e sujo, estava começando a cobrar o seu tributo. Para mim era imprescindível aproveitar cada minuto livre para pôr o sono em dia; mas minha mulher parecia enfrentar bem a situação, cuidando da nossa filha, que já começava a andar. Discussões mesquinhas entre nós já faziam parte da nossa vida. Até que, voltando de uma pescaria com um colega, minha mulher anunciou que estava farta da situação e pediu que eu saísse de casa por uma semana, para que ela tivesse um tempo para pensar. As palavras me atingiram como uma bomba. Eu simplesmente não podia acreditar no que ouvia. Eu era tão egocêntrico a ponto de não haver notado os sinais de alerta. Depois de uma breve discussão, resolvi ficar na casa de minha mãe por uma semana, para que a minha mulher tivesse o espaço e o tempo necessários para tomar a decisão que achasse melhor.

Ao final daquela semana tensa, telefonei para minha mulher e ouvi as más notícias: ela queria a separação. Levei um choque. O que afinal eu havia feito para merecer isso? Como conseguiria ficar sem a minha filha?

Minha mulher concordou em deixar que eu voltasse para casa até encontrar outro lugar para morar. Durante duas semanas procurei demovê-la, mas sem sucesso. A essa altura eu já estava em outro emprego e trabalhava em horas ainda mais impróprias, seis noites por semana, numa padaria. Mas o lado financeiro compensava a falta de vida social e, ademais, a necessidade de ter qualquer tipo de convivência com as pessoas havia desaparecido devido à minha situação emocional.

Procurando nos jornais, logo encontrei uma casa para dividir com duas outras pessoas. Resolvi mudar e deixei a maioria dos meus pertences na casa da minha mãe.

Meus novos companheiros fizeram com que eu me sentisse em casa, numa atmosfera diferente, bem mais descontraída. Emily era faxineira numa fábrica, e David trabalhava num escritório. Eles se desdobravam para me animar, sem, no entanto, parecerem intrometidos. Isso logo fez com que passássemos a ter um excelente relacionamento. Cada um respeitava a privacidade dos outros, principalmente porque os quartos não tinham chave.

Eu ainda trabalhava à noite na padaria e dormia durante o dia, geralmente até o meio da tarde, quando Emily me acordava com uma xícara de chá.

— Martin — disse ela um dia. — Eu espero que você não se zangue, mas ontem à noite, quando você estava no trabalho, resolvi limpar o seu quarto e dei de cara com sua coleção de livros; não pude deixar de folhear alguns deles!

— Tudo bem, mas vá direto ao assunto! — retorqui, um pouco aborrecido com essa invasão da minha privacidade.

— Bem, é o seguinte: eu tenho dificuldade para encontrar um parceiro e pensei que você poderia me ajudar!

— O que você quer dizer? — perguntei, sabendo bem qual o livro que ela havia lido.

— Eu sei que você é diferente! — começou Emily. — David e eu já percebemos uma mudança na atmosfera daqui, depois que você chegou!

Acabei concordando em tentar ajudá-la e resolvi meditar todas as noites, antes de sair para o trabalho. Durante duas semanas, isso pareceu lhe bastar. Depois, começou a me importunar, recusando-se a aceitar as razões lógicas que explicavam o motivo pelo qual, apesar das minhas meditações diárias, ela ainda não havia encontrado alguém. Três dias depois, ela me acordou exclamando:

— Aconteceu! Esta noite tenho um encontro!

Um homem que trabalhava numa oficina mecânica a convidara para sair. Emily me agradeceu profusamente e me deixou em paz com o meu chá.

Finalmente, pensei, a "coincidência" me salvou de novo de uma situação que estava ficando desagradável.

Alguns meses depois, David mudou-se para Londres para viver com a namorada, deixando Emily e eu sozinhos na casa. Mas Emily e o novo namorado passavam cada vez mais tempo juntos. Eu ainda não tivera oportunidade de conhecê-lo, por causa do meu estranho horário de trabalho, até que durante um fim de semana particularmente ruidoso, resolvi interrompê-los para reclamar do barulho.

— Olá, amigo. Prazer em conhecê-lo, finalmente. Emily fala muito em você!

Minha raiva diminuiu, e o estranho apertou a minha mão e se apresentou. Emily foi para a cozinha fazer chá, dando oportunidade, a Shaun e a mim de nos conhecermos melhor. Percebi logo que ele havia bebido, pois era difícil entender sua fala indistinta. Depois de cinco minutos embaraçosos ouvindo a história de Shaun, eu já ia me retirar quando ele me disse a data do seu aniversário: 13 de abril.

— Que coincidência! — interrompi. — É o meu aniversário também!

A conversa que se seguiu parecia algo saído de um filme de ficção científica. O aniversário do pai de Shaun era um dia depois do dele, assim como o do meu pai. Até as nossas filhas tinham o mesmo nome. Ambos estávamos na mesma situação, exceto pelo fato de Shaun haver-se voltado para a bebida numa tentativa vã de escapar dos problemas.

Conhecer Shaun fez com que eu percebesse o quanto eu era feliz. Apesar de havermos passado pelas mesmas experiências e circunstâncias, eu não caíra no desesperado mundo do alcoolismo, mas apoiara-me nas convicções espirituais para sair do inferno emocional do divórcio.

Algum tempo depois, graças ao nosso senhorio, Emily e eu nos mudamos para uma casa maior e mais moderna e fomos avisados de que teríamos novos companheiros dentro de um mês ou dois. Felizmente, o relacionamento de Emily e Shaun parecia florescer, deixando-me sozinho para continuar as minhas experiências. Percebi que as meditações estavam-se tornando mais profundas e longas que antes, até que, durante uma sessão particularmente profunda, devo ter caído no sono e comecei a sonhar com uma reportagem de televisão: "O avião pegou fogo no meio da pista depois da uma explosão surda, conforme relato de testemunhas", anunciou o noticiarista.

Foram exibidas fotos do avião acidentado, seguidas pelo anúncio do número de mortos e feridos. Acordei suando frio, tentando interpretar o significado do sonho, pois parecia bastante real. Mas acabei me convencendo de que tudo não passava de um pesadelo, até uma semana depois.

— Ei, Martin, você viu as notícias de hoje? — perguntou Emily. — Terrível! Todas aquelas pessoas envolvidas!

— Do que você está falando? — perguntei, um tanto confuso.

— Do acidente com o avião, no aeroporto. Você não ouviu falar?

Assisti ao noticiário da noite, imaginando do que se tratava. Sentei em frente à TV em silêncio e um suor frio escorreu-me pelo corpo todo. Lá estavam, exatamente como eu havia sonhado, o mesmo avião, o mesmo locutor e o mesmo depoimento das testemunhas.

— O que houve, Martin? Você está pálido!

Contei o meu sonho a Emily, esperando que ela não acreditasse.

— Nada em você me surpreende! — replicou ela desinteressadamente, saindo da sala para atender o telefone e deixando-me sozinho para ponderar sobre minha primeira premonição.

O som da campainha me trouxe de volta à terra. Era o nosso senhorio, que tinha vindo para comunicar a chegada de mais um inquilino.

— Ela é enfermeira, Martin. Isso deve animá-lo. Deverá voltar das férias dentro de três semanas; assim, arrumem a casa para que ela se sinta à vontade!

Eu aceitei a idéia imediatamente, mas Emily mostrou menos entusiasmo. Aos olhos dela, o fato de duas mulheres dividirem a mesma casa com um homem poderia gerar conflitos. Deixei de lado as preocupações de Emily, determinado a dar as boas-vindas à nova moradora.

Três semanas depois, numa tarde de sábado, ela chegou com a família, que a ajudou a arrumar as coisas no quarto ao lado do meu, para minha irritação, pois eu havia trabalhado no turno da noite. Depois que o barulho cessou, tomei banho e me vesti rapidamente, pronto para sair e comprar algo para comer. Bati na porta do quarto da minha nova vizinha.

— Entre!

Entrei e fiquei admirado ao fazer minhas apresentações.

— Prazer em conhecê-lo. Meu nome é Jen! — disse ela.

Saí correndo do quarto, depois de ter-lhe prometido mostrar as atrações do lugar em outra ocasião. Meu coração batia loucamente enquanto ia para as compras. Eu já ouvira falar de amor à primeira vista, mas isso era algo mais. Eu sabia que já tinha encontrado essa moça anteriormente, o que se confirmava pela poderosa sensação de *déjà vu*.

O sentimento de atração era mútuo, pois Jennifer concordou em sair comigo no sábado seguinte.

Passei o resto da semana esperando ansiosamente nosso primeiro encontro, imaginando como ela reagiria ao meu estilo de vida e aos meus interesses, em particular os aspectos espirituais, embora eu sentisse que a minha intuição viria em meu socorro caso fosse necessário.

— Divirtam-se! — gritou Emily da cozinha, enquanto Jen e eu saíamos para tomar o ônibus para a cidade.

Depois de uma passada pelos bares e clubes barulhentos, fomos beber vinho em um bar no centro da cidade. A atmosfera era perfeita, com o garçom dançando comicamente entre as mesas, ao som da música romântica.

— Agora é a sua vez! — disse Jen, depois de contar rapidamente sobre a sua vida de enfermeira, cheia de aventuras, festas e escapadas amorosas.

É agora, pensei. Jennifer escutou em silêncio enquanto eu desfiava a minha história cuidadosamente ensaiada.

— Bom, é mais ou menos isso! — concluí, tentando parecer confiante.

— É tudo muito interessante! — começou Jennifer. — Eu sempre procurei manter-me receptiva às questões espirituais, embora ache que alguns acontecimentos estranhos pertençam ao reino da fantasia!

— O que você quer dizer? — perguntei um tanto ingenuamente.

— Não posso dizer que não acredite na sua história, mas até agora não tive qualquer prova do poder da mente sobre o corpo, ou da vida depois da morte!

— Espere um pouco! — interrompi, sentindo que era a oportunidade perfeita para uma pequena demonstração de que a minha história era real e não um exagero causado pela bebida.

— Você gostaria de ver uma pequena demonstração do poder da mente sobre o corpo?

— Acho que sim. O que você tem em mente?

— Li, num dos meus livros, que os monges tibetanos são capazes de controlar os batimentos cardíacos com o poder da mente. Você é enfermeira. Acha que isso é possível?

— De jeito nenhum! — disse Jennifer.

— Você pode contar as minhas pulsações?

— Oitenta batimentos por minuto; nada de anormal!

— Um momento! — disse eu, fechando os olhos e entrando em profunda meditação, como havia sido ensinado pelo antigo grupo.

— Muito bem. Conte agora!

Depois de trinta segundos, Jennifer empalideceu.

— O que há?

— Isto é impossível, seus batimentos duplicaram!

— Não, Jennifer, não é impossível. A maioria das pessoas acha muitas coisas impossíveis, e assim elas se tornam impossíveis mesmo. Se aceitassem o poderoso potencial da mente e do espírito humano, o mundo certamente seria um lugar melhor para se viver!

Depois de mais vinte minutos filosofando sobre a raça humana e o eventual destino do mundo, resolvemos voltar para casa. Fiquei deitado olhando o teto, pensando na minha sorte. Jennifer não apenas tinha apreciado a noite que passamos juntos como havia sugerido que a repetíssemos em breve.

Uma coisa leva a outra e logo nos tornamos amantes, passando juntos o maior tempo possível. Tanto tempo, na verdade, que comecei a negligenciar meus exercícios de meditação, que a essa altura já faziam parte da rotina diária. O fato de Jennifer e eu trabalharmos no turno da noite também não ajudava muito, até que num dia de dezembro de 1988 recebi uma carta do meu advogado, informando que a minha ex-mulher havia vendido a casa, o que significava que eu receberia metade do dinheiro.

Chegou em boa hora, pensei, decidido a deixar o emprego na padaria e descansar um pouco. Afinal, raciocinei, tenho dado um duro danado até agora. Além disso, mataria dois coelhos com uma cajadada só: teria mais tempo para Jennifer e mais tempo para recomeçar seriamente os meus estudos, sem preocupações financeiras.

Pela primeira vez na vida, podia sentir e saborear a liberdade, liberdade para fazer compras e ter roupas boas, sair à noite e outras coisas maravilhosas. E também, é claro, adquirir livros sobre espiritualidade, cujo número estava aumentando cada vez mais, indicando o meu interesse crescente no assunto.

O ambiente em casa era excelente e a chegada de mais dois moradores não mudou nada. Todos dividiam a responsabilidade e se respeitavam, mesmo porque os horários de trabalho de cada um eram diferentes. Mas, em uma das raras noites em que todos estavam em casa, assistindo à televisão, cometi uma das maiores tolices da minha vida. O programa era sobre sonhos e premonições e estava sendo conduzido de forma imparcial, o que me surpreendeu, uma vez que esses debates geralmente eram tratados de forma leviana pelos cientistas convidados. Durante o programa, alguns exemplos de premonição foram investigados e analisados pelos especialistas, os quais, todavia, tentavam, mas não conseguiam oferecer uma explicação lógica para a seqüência dos acontecimentos. Os espectadores foram chamados a tirar suas próprias conclusões e os meus companheiros logo se envolveram numa acalorada discussão sobre os méritos do programa. Fiquei calado, observando, interessado em saber como as pessoas em geral reagiam a essas questões. Jennifer tentou apresentar seu ponto de vista e foi ridicularizada pelos outros. Eu não conseguia imaginar como as pessoas podiam ser tão cruéis e ingênuas e, lembrando o vívido sonho que tivera na noite anterior, interrompi a discussão.

— Ouçam! — gritei, com autoridade. — Vou acabar com essa briga de uma vez por todas. Daqui a um ou dois dias, haverá uma colisão no ar entre dois jatos da RAF. Um dos pilotos morrerá e o outro será ejetado e sofrerá ferimentos leves!

Saí da sala em silêncio total e subi para o meu quarto, seguido por Jennifer.

— O que significa tudo isso, Martin?

— Foi apenas um instante de loucura. Eu sei que não deveria ter dito nada, mas eles estavam rindo de você!

— Aquilo vai acontecer realmente?

— Vai sim. Tenho quase certeza de que vai. O sonho foi exatamente igual ao anterior, inclusive com a reportagem!

— Espero que sim, para o seu próprio bem! — disse Jennifer.

Levantei cedo na manhã seguinte, tomei banho e vesti-me rapidamente, para pegar o próximo trem com destino a Yorkshire, para ir a uma loja que, de acordo com um folheto, tinha o maior acervo de livros e objetos *New Age* de toda Inglaterra. Peguei o trem e depois, conforme as instruções, um ônibus. A loja era como eu esperava: abarrotada de novidades com tigelas cantantes tibetanas, incensos, livros, fitas cassetes, poções, dispositivos para meditação e tudo mais que a imaginação ditasse! Duas horas depois saí da loja, tendo gasto bem mais do que pretendia, e voltei para o centro da cidade. Perdi o trem e, como estava com fome, comi uma gordurosa refeição de peixe com fritas no restaurante da estação. No caminho para casa, encontrei Emily, que voltava do trabalho.

— Martin, você ouviu as notícias hoje?

— Não. O que aconteceu? — perguntei, sem lembrar dos eventos da noite anterior.

— O que você disse ontem, aconteceu hoje!

Fiquei sem fala e um suor frio brotou da minha testa. Eu não conseguia aceitar a notícia e me recusei a acreditar na história de Emily. Quando estávamos chegando em casa, ouvi a voz de Jennifer me chamando. Parei para esperá-la e perguntei se ela tinha ouvido o noticiário.

— Sim, Martin, é verdade. Tudo aconteceu exatamente como você havia descrito!

Fiquei em estado de choque, sem poder acreditar na naturalidade com que Jennifer e Emily haviam reagido. Subi as escadas correndo, joguei as três sacolas na cama e desci para assistir ao noticiário da noite. Ali estava tudo relatado, palavra por palavra, como eu vira e ouvira no meu "sonho".

Desse momento em diante, o ambiente da casa, que era harmonioso, começou a se deteriorar rapidamente, até que, depois de alguns meses, com exceção de Jennifer, comecei a me sentir isolado, com os outros me evitando.

Meus sonhos proféticos continuavam, ocorrendo em média uma ou duas vezes por mês, sempre com acidentes aéreos. Felizmente, eu podia confiar em Jennifer e, durante uma das muitas conversas sobre os sonhos, ela me perguntou por que envolviam sempre acidentes aéreos. Eu não havia pensado nisso. Apenas aceitava os sonhos como parte integrante do meu despertar espiritual, sem procurar uma explicação. Até que uma noite decidi meditar sobre o problema, para ver se a minha intuição me daria uma explicação satisfatória.

Fechei a porta do quarto e escolhi cuidadosamente uma fita meditacional, a qual, de acordo com as instruções, não apenas inspiraria o usuário mas também fortaleceria a intuição e o ajudaria a tomar a decisão correta em circunstâncias difíceis. No meio da meditação, no atordoamento da alteração da consciência, vi a imagem nítida de uma lista telefônica, com a minha voz intuitiva anunciando: "Aqui você encontrará o que procura."

Depois de acabada a fita, fiquei deitado na cama, sentindo-me um pouco frustrado. Eu tinha acreditado realmente nas palavras impressas na capa da fita. Eu fora enganado, pensei, antes de cair no sono.

Na manhã seguinte, contra toda a lógica, resolvi procurar na lista telefônica. Afinal, eu nada tinha a perder, a não ser a certeza de que tinha sido ludibriado pelos fabricantes da fita. Comecei a folhear o índice, até chegar à letra C, de "clarividentes". Estranho, pensei, não me lembro de ter visto alguma vez qualquer anúncio de clarividentes numa lista telefônica. Depois de ler o anúncio, a curiosidade tomou conta de mim e telefonei para um clarividente, marcando uma entrevista para aquela mesma tarde.

Não querendo chegar atrasado, contratei um táxi para me buscar meia hora antes, pois eu não conhecia o local. O táxi chegou na hora, com o motorista buzinando impacientemente.

— Que coincidência! Não posso acreditar que você seja o motorista do táxi! — disse eu, ao ver que se tratava de um antigo colega.

Depois de dez minutos de muita conversa, chegamos ao endereço. Despedi-me e prometi manter contato com ele. Mas meu pensamento estava fixo no meu primeiro encontro com um clarividente, tentando imaginar o que iria encontrar, com imagens de profetas vestidos de negro passando pela minha cabeça. Ali estava a casa nº 6. Ela parecia bem normal, pensei, tocando a campainha. Ninguém atendeu. Será que ele esqueceu?, pensei, já pronto para ir embora. A porta se abriu.

— Olá, Martin! — disse o homem baixo e forte, de aparência comum. — Entre e fique à vontade. Quer uma xícara de chá?

Ele se apresentou como Eric.

— Aceito, obrigado! — respondi, sentindo-me logo à vontade.

A sala estava cheia de fotografias e quadros de várias pessoas, cercada pelas cores mais bonitas que já havia visto.

— Sou um artista profissional! — esclareceu Eric, voltando para a sala com duas xícaras de chá. — Essas pessoas nos quadros são antigos clientes. Depois de cada sessão, eu relaxo pintando a aura delas. É daí que vem a informação clarividente!

Fiquei em silêncio, contemplando os quadros, enquanto tomava o chá.

— Podemos começar? — perguntou Eric.

— Quando você quiser!

Eric fechou os olhos e começou a respirar rapidamente por alguns momentos, descansando depois.

— O que você está fazendo aqui? — Eric perguntou de repente, numa voz profunda e gutural.

— O que quer dizer? — disse eu, pensando se tinha tomado a decisão correta, afinal.

— Você não precisa dos meus conselhos. Nós poderíamos trocar de lugar agora mesmo, não percebe? Nunca vi uma aura tão grande e poderosa como a sua. Você deveria aproveitá-la!

Eu estava atônito, sem fala.

— Presumo que você tenha algumas perguntas! — disse a figura à minha frente.

Depois de algumas rápidas perguntas e respostas, a sessão terminou. Será que eu fiquei ali durante uma hora?, pensei em casa, enquanto fazia chá, tentando me lembrar de tudo que Eric havia dito.

As estranhas habilidades de Eric eram incontestáveis. Como um completo estranho poderia revelar tantos pormenores sobre a trágica morte do meu pai; sobre o meu casamento e o divórcio e sobre outros tantos fatos pessoais, conhecidos apenas por mim. Pelo menos era o que eu pensava. As dúvidas surgiram quando Eric falou sobre o futuro. Para ele, eu deveria estar trabalhando com carros. Tudo o que eu sabia sobre automóveis poderia ser escrito nas costas de um selo. A predição mais notável foi feita no final da sessão.

— Respondendo às suas questões sobre espiritualidade, ela é parte integrante do seu destino e você não pode evitá-la. Já deve ter notado esse ciclo de aprendizado, ou karma, como às vezes é chamado. Na maioria das vezes, ele toma a forma de coincidências, as quais nos levam até outras pessoas ou situações que aprofundarão os nossos conhecimentos nessa área. O motivo dos sonhos sobre acidentes aéreos será mostrado para você em breve, quando estiver espiritualmente mais consciente para aceitar as revelações. Tendo isso em mente, apesar de parecer pouco provável agora, você emigrará para outro país, não muito distante da Inglaterra, no qual a sua educação espiritual prosseguirá em nível muito mais elevado!

Finalmente, depois de pensar muito, decidi considerar a visita ao clarividente como uma experiência a mais. Afinal, eu estava muito bem na Inglaterra e a idéia de emigrar nem me havia passado pela cabeça. Ademais, eu não tinha muita facilidade para aprender outras línguas, conforme atestava o meu boletim escolar.

O dinheiro que havia recebido com a venda da minha casa começou a diminuir, o que me forçou, a contragosto, a procurar outro emprego. Não deve ser muito difícil, pensei ingenuamente. Afinal, eu sou confiável, responsável, pontual e apresentável e, mais importante, havia servido nas Forças Armadas de Sua Majestade. O que mais o futuro empregador poderia exigir?

Dois meses e meio depois, consegui a oportunidade que procurava. Já meio desesperado, inscrevi-me numa agência de empregos temporários, sem muita esperança de conseguir alguma coisa. Fui para casa preocupado e deprimido com a situação. Estava justamente abrindo a porta quando o telefone tocou; a agência tinha marcado uma entrevista com uma companhia de telecomunicações para aquela tarde. Fui avisado de que, no caso de a entrevista ser bem-sucedida, eu teria que começar imediatamente. Pelo jeito, eles estavam impressionados com a minha experiência na RAF.

A entrevista não poderia ter sido melhor, pensei, na luxuosa sala de espera da companhia, enquanto aguardava a resposta do gerente. Eu suava profusamente, imaginando que toda a minha vida dependia da decisão de um outro ser humano.

— Parabéns e bem-vindo a bordo, Martin. Você pode começar amanhã? — perguntou o sorridente gerente, sacudindo com força a minha mão.

— Posso até começar agora, se quiser! — respondi entusiasmado, cheio de emoção.

— Não, amanhã às nove está bem!

Corri para casa, para contar a Jennifer a boa nova. Ela também se entusiasmou e concordou em festejar comigo num dos bares locais.

Durante a celebração, discutimos a possibilidade de um futuro conjunto. Depois de pesar cuidadosamente os prós e os contras, tomamos a decisão de deixar o lugar onde vivíamos e mudarmos para uma casa só nossa, o que foi facilitado pela situação financeira assegurada pela minha nova carreira.

Depois de um início um tanto nervoso no cargo de auxiliar de escritório, senti-me à vontade no novo ambiente e passei a integrar a bem entrosada equipe.

Enquanto isso, Jennifer lia os jornais, procurando uma casa adequada para alugar. Visitamos e desaprovamos três casas, devido ao aluguel exorbitante ou por causa do estado do imóvel. Já estávamos nos perguntando se encontraríamos a casa dos nossos sonhos quando, num dia de bastante serviço no escritório, Jennifer me ligou e perguntou se eu não poderia sair um pouco antes do final do expediente, pois ela havia marcado uma visita ao que descrevia como "a casa perfeita". Combinei com o gerente que compensaria posteriormente a hora perdida.

— Boa sorte! — disse ele antes que as portas do elevador se fechassem.

Chegamos dez minutos antes da hora marcada, ao mesmo tempo que o senhorio.

— Vocês são Jennifer e Martin, não é? Prazer em conhecê-los! — disse. — Aqui estão as chaves. Podem ficar à vontade e olhar tudo com calma. Estarei de volta em vinte minutos!

Que homem confiante, pensei, abrindo a porta. Jennifer e eu não dizíamos uma palavra; não era preciso. A casa era perfeita, de cima a baixo. Móveis antigos, carpetes novos, cozinha equipada, banheiro com chuveiro, jardim bem cuidado, dormitório amplo e uma máquina de lavar no porão. Era feita sob medida para nós, concordávamos Jennifer e eu, ainda que o aluguel fosse mais alto do que o esperado.

Duas semanas depois, com a ajuda do meu irmão, mudamos para a casa dos nossos sonhos. A falta de dinheiro não representaria problemas, pelo menos no começo. Afinal, ali estávamos nós, morando numa nova casa, com empregos razoáveis e com o futuro à nossa frente. Não imaginávamos que as coisas estavam para mudar, e para pior.

Sem que soubéssemos, os nossos vizinhos se mudaram e foram substituídos pelas pessoas mais barulhentas e anti-sociais que eu já havia visto. Brigas constantes e o barulho de pratos e mobília sendo quebrados. A situação se agravou pelo fato de uma promoção prometida no emprego ter sido cancelada, devido a problemas financeiros da firma. Eu sentia que fora enganado, pois a companhia havia feito grandes investimentos no ano anterior e planejava uma expansão ainda maior no futuro.

É claro que o meu desempenho começou a piorar, devido à combinação da falta de sono e a sensação de ter sido traído, tanto pela empresa quanto pelo gerente, que eu achava ter sido responsável pelo fato de eu não ter sido promovido. Meu relacionamento com Jennifer piorou e, depois de uma conversa franca, resolvemos que eu deixaria o meu emprego e tentaria encontrar uma posição melhor.

A companhia aceitou o meu pedido de demissão e comecei imediatamente a procurar outro serviço. Por causa das novas leis de trabalho, eu não podia receber o seguro-desemprego, o que significava que teríamos que viver com o salário de Jennifer. Eu sentia como se tivesse caído num abismo, até que, depois de sete semanas de desespero, lembrei de um livro sobre meditação que eu havia ganho de presente de aniversário quando completei 28 anos, e do qual tinha-me esquecido.

Jennifer ia trabalhar até tarde naquela noite, de forma que resolvi experimentar um dos exercícios de meditação, sabendo que não seria perturbado. De acordo com o autor, o conhecimento contido no livro havia sido transmitido alguns séculos antes a um monge tibetano muito desenvolvido espiritualmente. Os exercícios deviam ser seguidos à risca, especialmente quanto à respiração. O não-cumprimento das instruções levaria a problemas físicos, mentais ou espirituais. Bem, o que tenho a perder?, pensei, preparando o incenso para a meditação.

Depois de cinco minutos de respiração rápida e forçada, comecei a me sentir meio tonto e, em seguida, seguindo as instruções, passei a respirar normalmente. Nesse ponto, todas as sensações corpóreas desapareceram, sendo substituídas por um zumbido fraco, mas distinto. Um ligeiro sentimento de pânico se apossou de mim, enquanto eu ouvia algo que só pode ser descrito como vozes cantando baixinho. Eu estava pronto para abrir os olhos, quando fui atingido por um brilhante raio de luz; no instante seguinte, achei-me sentado numa caverna. Onze ou doze monges estavam postados em círculo, vestidos com roupas alaranjadas e cantando numa língua desconhecida. Nenhum deles parecia perturbado pela minha presença, ou mesmo consciente dela. Um enorme sentimento de paz e tranqüilidade encheu a minha alma. Devo estar morto, pensei, imaginando como Jennifer reagiria ao descobrir o meu corpo sem vida na sala.

— Olá, Martin, afinal nos encontramos novamente! — disse uma voz masculina atrás de mim.

Eu me virei e vi um monge alto e calvo, com as mesmas estranhas vestimentas dos outros.

— Onde estou, o que aconteceu, estou morto? — perguntei.

O estranho sorriu.

— Não, Martin, você não está morto. Na verdade você está mais vivo do que pensou que estivesse. Meu nome é John. Não se lembra de mim?

— Nunca o vi na minha vida. Por favor, diga-me o que está acontecendo!

— A partir deste momento serei o seu guia espiritual. Se tiver perguntas ou problemas de qualquer natureza, pode voltar para cá, por meio de meditação, e me consultar. Sua vida está a ponto de passar por grandes mudanças. Assim, por favor, lembre-se de que deve se manter espiritualmente aberto e consciente em todas ocasiões. Por mais difícil que seja a situação, a ajuda estará sempre por perto. Logo você fará coisas que a maioria das pessoas considera milagres e deve estar preparado para aceitar críticas e ceticismo. Você talvez se sinta sobrecarregado com a responsabilidade que acompanha esses dons extraordinários, mas isso faz parte da sua educação. Sim, talvez você cometa alguns erros, mas não se esqueça de que apenas errando podemos aprender e compreender tudo. Suas novas aptidões permitirão que você chegue até pessoas que antes ignoravam as leis espirituais universais, criando uma reação em cadeia que um dia abrangerá o mundo inteiro!

As últimas palavras do estranho monge desapareceram gradualmente, deixando a sensação de um fardo ainda mais pesado sobre os meus ombros; depois, encontrei-me de volta na minha sala, na mesma posição. Uma rápida olhada no relógio mostrou que toda a experiência havia durado apenas seis minutos. Isso não é possível, pensei, parece que se passaram muitas horas desde que comecei a meditar. Folheei rapidamente o resto do livro, procurando exemplos parecidos com o que havia acontecido, mas em vão. Devo ter fantasiado ou sonhado, pensei, percebendo subitamente a realidade da minha situação. Achei melhor não contar o episódio a Jennifer, pelo menos até conseguir encontrar um emprego!

Três semanas mais tarde, depois de testes e entrevistas, comecei a trabalhar como operador telefônico, registrando chamadas de emergência para uma grande organização. Era um emprego de meio período, para começar, mas com a possibilidade de passar a integral, dependendo de futuros arranjos no pessoal.

O alívio e a alegria que senti logo desapareceram, pois, por mais que eu trabalhasse, as possibilidades de passar para o período integral eram muito remotas, quanto mais de ter uma promoção! Sentimentos de impotência e frustração começaram a me invadir, forçando-me a avaliar a minha vida até aquele momento e as lições que havia aprendido.

Ali estava eu, aos 29 anos, e o que realizara? Absolutamente nada. Eu contrastava com as reportagens na TV que mostravam jovens executivos bem-sucedidos, ganhando altos salários. Sim, eu tinha um relacionamento amoroso maravilhoso com a minha companheira e um teto sobre a cabeça; ambos tínhamos a sorte de poder trabalhar, mas o que significava isso tudo? Uma luta contínua e sem fim, apenas conseguindo sobreviver até o fim de cada mês.

O país me deve mais do que isso, pensei. Afinal, eu havia sacrificado a minha vida servindo na RAF, e para quê? Para ser jogado no lixo aos 29 anos?

O Natal de 1991 passou despercebido, ao contrário daqueles natais felizes de quando eu era criança. Apesar de tudo, continuei na empresa e fui bem aceito pela equipe. O ambiente nessa comunidade unida era sempre amistoso. Durante os turnos noturnos mais calmos, conversávamos sobre vários assuntos. Numa noite monótona, o tema da discussão girou em torno da dimensão espiritual, pois uma das colegas começou a narrar uma experiência de quase-morte, logo depois de um parto em que ela sofrera uma forte hemorragia. Fiquei fascinado quando ela descreveu o que sentira e os acontecimentos pelos quais passara. A sensação de tranqüilidade e paz, o calor, seguido inevitavelmente pela viagem através do túnel que terminava em uma brilhante luz branca.

Imaginem uma mulher calma e inteligente descrevendo, palavra por palavra, a mesma experiência que eu tivera aos três anos de idade. A reação do grupo à experiência narrada por ela variou da incredulidade à total descrença. Um colega recusou-se veementemente a aceitar a possibilidade de que esses eventos ocorressem no plano da realidade e começou a insultar e a zombar da moça. Essa cena desconcertante continuou na mesma intensidade por uns dez minutos, até que uma súbita avalanche de chamadas telefônicas deixou o agressor e eu sozinhos na sala.

— O que você acha, Martin? — perguntou meu colega, com o rosto vermelho e visivelmente agitado.

— Bem, eu procuro ter a mente aberta para esses assuntos! — repliquei tão calmamente quanto pude.

— Bom, comigo jamais aconteceu alguma coisa assim; nada de experiências espirituais ou aparições de fantasmas. Para mim, essas superstições pertencem ao reino da fantasia e da ficção científica!

Eu me senti tão frustrado e zangado ouvindo o meu colega preconceituoso, que decidi desafiar sua postura negativa para com os aspectos espirituais da vida.

— Ouça, se eu conseguir provar a existência da telepatia, você promete, em troca, manter a mente mais aberta no futuro?

— Prometo, é claro, mas como você pretende fazer isso?

— Ouça com atenção! — respondi, parecendo mais imponente do que desejava. — Quando voltarmos ao nosso posto na sala de operações, quero que escolha algum colega, não importa qual. Quando tiver escolhido, diga pelo interfone qual deles foi!

— Mas o que você pretende com isso?

— O que eu pretendo é, usando a telepatia, fazer com que essa pessoa se vire e olhe para mim. Você acreditará depois disso?

— É claro que sim. Mas isso é impossível! — replicou com ceticismo.

Cinco minutos depois, iniciamos a experiência. Ele havia escolhido uma moça, que estava do outro lado da sala, conversando animadamente com o colega à sua frente. Comecei a visualizar o rosto dela, tendo o cuidado de não olhar na sua direção, com meus olhos fixos no colega descrente. Trinta segundos depois, aconteceu. A mulher, absorta na conversa, subitamente parou, virou-se para olhar para mim e chamou:

— Oi, Martin! — e se virou novamente para retomar a conversa interrompida.

Eu fiquei satisfeito, principalmente ao ver o rosto branco do meu colega, antes cético. Imediatamente ele me fez várias perguntas pelo intercomunicador.

— Como você fez isso? É inacreditável. Será que você me ensina?

No fim do turno, ele se aproximou para pedir alguns conselhos. Depois de algumas advertências, passei para ele os títulos de alguns livros que poderiam interessá-lo, advertindo-o de que a responsabilidade seria dele.

Nossa situação financeira não melhorou. Na verdade, parecia piorar a cada mês, fazendo com que Jennifer e eu nos envolvêssemos em discussões intermináveis. Um dia, sem motivo aparente, ela levantou a questão da emigração. O que tínhamos a perder?, pensei, imaginando se ela falava sério. Depois de uma conversa acalorada, tomamos a decisão. No dia seguinte, Jennifer comprou um livro com informações valiosas sobre emigração dentro da Europa. Depois de cuidadosas considerações, resolvemos que a Bélgica apresentava as melhores oportunidades para nós.

Tínhamos que tomar várias resoluções importantes, inclusive encontrar emprego, o que se tornava mais difícil pelo fato de Jennifer e eu não falarmos outras línguas.

Algumas semanas depois, ainda não tínhamos resolvido a questão do emprego. Mas um dia, Jennifer teve a idéia de tentar empregar-se como babá. Afinal, como ela mesma disse: "Sou uma enfermeira formada!"

Depois de muitos contatos por carta e telefone com famílias na Bélgica, Jennifer conseguiu um cargo de babá numa pequena vila, a uns doze quilômetros de Ghent. O nosso entusiasmo durou pouco, pois Jennifer e eu nos demos conta de que eu não teria nenhuma oportunidade de encontrar trabalho numa vila belga.

Assim, Jennifer telefonou para a família agradecendo e, com pesar, declinou da gentil oferta.

— Como ficamos agora? — perguntei a ela, já um tanto deprimido.

— Holanda! — disse ela, olhando distraidamente para o espaço.

— O que você quer dizer com Holanda?

— Há alguns anos atrás, visitei uns amigos que moravam e trabalhavam em Groningen!

Ela continuou com suas reminiscências, pintando um quadro mental perfeito de um país que oferecia a liberdade e as oportunidades que procurávamos.

Três semanas depois, Jennifer foi entrevistada por uma família da Holanda, que, coincidentemente, visitava amigos na Inglaterra. Por fim, prometeram-lhe comunicar a decisão o mais breve possível.

Alguns dias depois, ela recebeu a fantástica notícia da oferta de um cargo de babá residente com a família, para meados de abril.

Depois de passada a euforia inicial, começamos os preparativos para a nova aventura. Para economizar o máximo possível, Jennifer havia voltado para a casa dos pais, enquanto eu aceitei a oferta de alguns amigos para ficar com eles até que Jennifer estivesse estabelecida no novo emprego na Holanda.

As primeiras semanas de separação me mostraram o quanto eu amava Jennifer. Sentia terrivelmente a falta dela; mas essa separação temporária me deu uma oportunidade de fazer um balanço da minha vida. Depois de dias e noites de contemplação solitária, resolvi terminar meu romance com o lado espiritual da vida. Afinal, o que a espiritualidade havia me trazido? Nada, a não ser falsas expectativas, sonhos e promessas não-cumpridas. Eu estivera enganando a mim mesmo, pensei. Todas as minhas experiências, premonições e coincidências eram apenas uma coleção de coincidências bizarras e nada mais.

Convencido disso, vendi ou doei quase toda a parafernália e livros sobre o assunto. Afinal, queria levar pouca bagagem, pois iria para a Holanda de barco.

Jennifer reagiu com surpresa à minha decisão de desistir da educação espiritual, e perguntou se eu tinha certeza do que estava fazendo.

— Tenho certeza. Afinal, é um novo começo, uma nova vida para nós na Holanda. Quero começar tudo de novo!

Algumas semanas depois da despedida lacrimosa, recebi o primeiro telefonema de Jennifer, descrevendo a casa, o tempo e, o melhor de tudo, dizendo que sentia a minha falta.

— Você pode vir quando quiser! — disse ela. — Pode ficar aqui com a família até encontrar acomodações!

Imediatamente, pedi demissão do meu emprego, o que me proporcionou quatro semanas para me preparar, física e mentalmente, para a jornada para um novo país, uma nova vida e a esperança de um futuro brilhante.

Seis

As quatro semanas se arrastaram, até que finalmente chegou o dia da partida. Estava na casa dos meus amigos, com as malas prontas, olhando para o relógio. Quinze para as duas da manhã. Devo estar maluco, pensei, ouvindo o tráfego lá fora e prestando atenção à campainha. Um colega de trabalho havia-se prontificado, gentilmente, a me levar para Harwich para pegar o primeiro barco. Quando ele chegou, coloquei meus pertences no porta-malas e fechei a casa. A viagem ia começar...

Após uns 120 quilômetros, comecei a me sentir sonolento. Na verdade, devo ter adormecido e quando acordei estávamos chegando. Meu colega me deixou no porto de embarque para a Holanda. Eu estava realmente agradecido e insisti para que ele aceitasse pelo menos o preço do combustível. Que viagem, pensei, enquanto observava o carro desaparecer.

Embarquei com bastante antecedência e comecei a ficar apreensivo, lembrando de uma pescaria de seis horas, na qual enjoara muito.

Depois de comer apressadamente um sanduíche e tomar uma xícara de chá, acomodei-me da melhor forma possível para a travessia e, tendo lido com cuidado as instruções de Jennifer sobre os trens e conexões da Holanda, caí num sono profundo e sem sonhos.

O apito da balsa me despertou. Subi para o tombadilho no momento em que me apareceu uma tabuleta com os dizeres “Hoek van

Holland". Peguei minha bagagem e entrei na enorme fila de desembarque, ansioso para reencontrar Jennifer. O trem que eu tinha que pegar já estava na estação. Depois de dez ansiosos minutos, gastos com as formalidades alfandegárias, comprei o bilhete e embarquei em cima da hora.

Em Amsterdã, eu tinha que fazer baldeação e, tendo quinze minutos disponíveis, resolvi telefonar para Jennifer para avisá-la do horário em que eu chegaria. Desisti depois de dez minutos, pois todos os telefones da estação eram para cartões. De qualquer forma, meu trem chegou e embarquei. A viagem foi curta e logo chegamos em Alkmaar, onde eu tinha que pegar mais um trem para Obdam, meu destino final; cheguei depois de mais dez minutos. A viagem, extremamente cansativa, tinha durado 21 horas ao todo. Jennifer estava na entrada da pequena estação. Com o que restava das minhas forças, eu a abracei e beijei. Depois de uma apresentação rápida ao patrão dela, minhas malas foram colocadas no carro para o curto trajeto até a nova casa de Jennifer, num pequeno vilarejo poucos quilômetros ao norte de Obdam. O patrão me ajudou a carregar a bagagem e depois nos deixou à vontade.

Dormi como uma pedra até às onze horas da manhã seguinte. Jennifer fez chá, apresentou-me à pequena filha do casal e me mostrou a casa. Tomei banho e arrumei as minhas coisas; estava pronto para conhecer o vilarejo.

— Não fique desapontado, é uma vila muito pequena! — disse Jennifer quando saí.

Dez minutos depois, voltei em estado de choque. A realidade da situação me atingiu como um raio, depois de ouvir as pessoas na aldeia falando holandês. É claro que eu não entendi uma palavra sequer e tive uma sensação de paranóia. Sobre o que estavam falando? Será que estavam falando de mim?

— Não se preocupe! — disse Jennifer, tentando me acalmar. — Amanhã iremos a Alkmaar! É uma cidade maior e lá você terá mais oportunidade de encontrar serviço!

Os patrões de Jennifer voltaram do trabalho e, depois de uma agradável refeição, acompanhada de cerveja holandesa, separei os documentos que precisaria para procurar emprego em Alkmaar.

Acabei indo sozinho, pois Jennifer se lembrou de que tinha prometido levar a criança para tomar banho de piscina. Passei quatro horas frustrantes, andando no centro de Alkmaar, sob o sol intenso, visitando todas as agências. Em cada uma delas acontecia a mesma coisa:

— As suas referências e experiência são excelentes, mas você sabe falar holandês?

Depois de três semanas, eu estava desapontado e começava a me desesperar, vendo que o dinheiro que tinha economizado já estava no fim. Também já estava abusando da hospitalidade da família. Jennifer achou que eu precisava me animar e, como ela usava um dos carros da família, organizou uma excursão à histórica cidade de Hoorn.

Fiquei encantado. Os belos edifícios e casas tinham um encanto que remontava a tempos muito antigos. Quando chegamos aos pitorescos arredores do porto, que era uma mistura de antigos veleiros e modernos iates, eu já tinha tomado uma decisão.

— Um dia, Jennifer, nós vamos morar aqui! — disse eu, cheio de convicção.

— Mas primeiro você precisa achar um emprego! — lembrou ela, trazendo-me de volta à realidade.

Todavia, voltando para o estacionamento, notei algumas agências e decidi retornar a Hoorn na semana seguinte, para tentar a sorte.

Depois de três dias e uma entrevista apressada, recebi minha primeira oferta de emprego, numa fábrica de troles de comida para uma grande companhia aérea. O único problema era que a fábrica ficava a pelo menos quarenta minutos de carro de Hoorn. Assegurei ao pessoal da agência que daria um jeito, desesperado para segurar a vaga.

Jennifer telefonou para a agência de turismo mais próxima à fábrica e conseguiu-me uma entrevista para o dia seguinte, pois as agências holandesas tinham uma lista de casas que ofereciam alojamento em sua área. O pessoal foi muito prestativo e conseguiu acomodações temporárias com uma família de fazendeiros locais. Até que enfim, pensei, uma mudança para melhor.

Os holandeses com quem entrei em contato eram muito prestativos e sabiam como deixar um estranho à vontade. Eu já estava na fábrica há alguns dias quando fui abordado por um dos colegas, que soube das minhas acomodações temporárias e ofereceu-me hospedagem, pelo menos até que eu pudesse encontrar minha própria casa. É claro que aceitei a sua oferta e mudei-me novamente.

Jennifer costumava vir me visitar todas as noites e em geral saíamos para explorar os arredores do norte da Holanda, parando aqui e ali para uma bebida em algum dos encantadores vilarejos que pontilhavam a paisagem plana e curiosamente atraente.

Eu estava me ajustando ao modo de vida dos holandeses, quando as coisas começaram a piorar. Depois de trabalhar e morar junto com o meu colega por dois meses, tornou-se patente a nossa incompatibilidade. Simplesmente não era possível trabalharmos juntos e vivermos na mesma casa. Assim, Jennifer e eu começamos a procurar moradia em Hoorn, uma vez que eu havia conseguido uma carona dali para a fábrica com um americano que também trabalhava ali. Depois de três semanas, fomos ver um apartamento de cobertura no centro da cidade, a menos de dois minutos do porto.

Saímos cedo e, depois de estacionar o carro, caminhamos até o local. O endereço foi encontrado facilmente, graças às instruções bastante precisas da senhoria. Fiquei atônito: ali, no meio de uma fileira de velhos armazéns de queijo e cerveja, rodeado por canais, estava o meu novo lar.

A senhoria atendeu e mostrou o quarto, no último andar. Ela explicou que, caso eu aceitasse, deveria compartilhar os utensílios de cozinha e o banheiro com outras duas pessoas. Eu não estava me importando com quantas pessoas teria que dividir o espaço; eu estava encantado. O quarto era grande e a vista da janela era magnífica. Depois de combinar o valor do aluguel, concordei em me mudar em duas semanas.

A mudança foi fácil, pois os meus pertences cabiam todos no carro, o que significava fazer apenas uma viagem. À noite eu já estava instalado no meu novo lar e desci com Jennifer os três lances de escada para me despedir dela, até a noite seguinte.

Subi correndo, resolvido a ouvir música e a relaxar na minha cama gigantesca. Tinha acabado de fazer o chá quando ouvi baterem à porta.

— Martin, sou eu. Posso entrar?

Reconhecendo a voz da senhoria, abaixei o volume da música, imaginando que estivesse muito alto.

— Entre! — disse, pronto para me desculpar pela altura da música.

Ela entrou e se sentou.

— Ouça, Martin. Eu não quis dizer nada enquanto a sua namorada estava aqui, mas quando o vi pela primeira vez, uma estranha sensação tomou conta de mim e agora estou quase certa!

— Do que você está falando? — perguntei.

— Você é paranormal, não é?

— O que você quer dizer? — indaguei, imaginando como uma pessoa completamente estranha poderia saber alguma coisa das minhas experiências anteriores.

— Sinto muito se o assustei, Martin, mas eu tenho uma intuição para pessoas como você e o sentimento foi tão forte que não pude ignorá-lo!

Eu estava abismado.

— Ouça, Martin, posso notar que você está chocado, mas lembre-se, se tiver necessidade de conversar com alguém a respeito, estarei lá embaixo. Não hesite!

Fiquei ali deitado, olhando para o teto, tentando encontrar uma explicação lógica para os acontecimentos da noite e lembrando-me da minha decisão de deixar para trás os aspectos paranormais da minha vida. Sim, pensei, eles foram importantes, mas isso já são águas passadas. São coisas que pertencem à minha vida na Inglaterra e nenhuma coincidência iria me fazer mudar de idéia.

O quente verão de 1992, bem como a minha sorte de encontrar a casa dos meus sonhos, confirmaram que Jennifer e eu tínhamos tomado a decisão correta ao deixar a Inglaterra. Graças à minha nova independência, Jennifer podia me visitar quando quisesse e passava os fins de semana comigo em Hoorn, chegando às sete da noite de sexta-feira e voltando ao emprego na noite de domingo.

Pela primeira vez em seis meses, conseguimos reatar nosso relacionamento amoroso.

O trabalho na fábrica desenrolava-se de forma agradável e tranqüila, até que a companhia recebeu um grande número de encomendas, o que significava que o pessoal tinha que trabalhar mais depressa e por mais tempo para manter a cota. Depois de uma semana de muito trabalho e tensão, cheguei em casa completamente exausto, pronto para tomar um banho e cair na cama. Eu não tinha forças nem para jantar.

Depois de um banho rápido, fechei as cortinas do quarto, liguei o despertador e deitei-me. Mais um dia, pensei, antes de Jennifer chegar para o fim de semana. Meus olhos começaram a se fechar, libertando-me das responsabilidades terrenas e levando-me diretamente pelo maravilhoso caminho da inconsciência.

Dez minutos depois, mais ou menos, acordei e vi-me numa estrada rural, cercado de morros e montanhas. Não entendia o que estava acontecendo e cheguei à conclusão de que estava sonhando. Mas, se fosse apenas um sonho, como eu poderia estar vendo e sentindo tudo aquilo? Confuso, comecei a andar e analisar a estranha paisagem; estranha mas muito real. Quando me voltei, assustado por um som distante, tive que proteger os olhos do sol forte do meio-dia e vi, entre duas montanhas, uma torre de controle de aeroporto, ladeada por várias construções menores.

Vi também uma aeronave de formato estranho que, a julgar pelo ângulo de vôo, havia acabado de decolar. Oh, não! Outra vez!, pensei, descobrindo imediatamente o motivo de ter sido transportado para esse lugar bizarro mas belo. Uma fração de segundo depois, um dos motores emitiu um rugido terrível, seguido de uma explosão. Por um instante, que pareceu durar uma eternidade, o avião ficou suspenso no ar antes de mergulhar e se chocar contra uma montanha. Houve uma explosão e eu pude ver claramente as chamas.

O choque de testemunhar um acidente tão horrível me levou rapidamente de volta ao corpo. Acordei com um solavanco, molhado de suor frio e pegajoso e com o coração batendo furiosamente.

* * *

Depois de mais um dia de trabalho duro, jantei rapidamente e estava ouvindo música, quando Jennifer chegou. Contei em pormenores o sonho assustador, descrevendo toda a seqüência de acontecimentos e fazendo um esboço da estranha forma da aeronave e da paisagem circundante.

— Bem — disse Jennifer, de forma prática —, se aconteceu, aconteceu. Não há nada que você possa fazer para evitar, não é?

— Não, é claro que não, mas não é isso que importa. Por que tenho que testemunhar e tomar parte nesses acidentes aéreos?

Jennifer levantou os ombros e sugeriu que tomássemos uma bebida num dos cafés locais.

Eu já estava cansado do emprego na fábrica e na manhã seguinte, quando fazíamos compras, adquiri o *De Telegraaf*. Na Holanda a maioria dos anúncios classificados sai nos fins de semana e não às quintas-feiras, como na Inglaterra.

Voltamos ao apartamento com as compras. Jennifer foi para a cozinha fazer o chá e eu comecei a ler o jornal. Os meus conhecimentos do holandês já eram suficientes para compreender o que lia. Quase caí da cadeira! Na página quatro, havia uma manchete: "Acidente aéreo na Macedônia."

As duas fotos confirmavam a notícia. A primeira mostrava o avião do meu sonho; a segunda me deixou arrepiado: mostrava uma vista da torre de controle do aeroporto, do ângulo exato da minha observação. Jennifer mal podia acreditar; principalmente quando comparei o esboço que havia feito antes com a descrição e as fotos do jornal.

— Bem, parece que você está atolado nisso, Martin! — disse ela. — Por que não pergunta à senhoria? Afinal, ela se ofereceu para conversar!

Tentei em vão esquecer o assunto. Eu não queria falar com ninguém sobre os meus sonhos, principalmente com a minha senhoria.

Depois que Jennifer saiu, fiquei pensando no porquê disso tudo. Eu já havia resolvido deixar para trás o que quer que fosse paranormal. Eu nem mesmo meditava mais.

Que tipo de inteligência seria capaz de criar tais situações, completamente contra a vontade de uma pessoa assustada? Por que razão não me deixavam em paz, como a qualquer pessoa normal?

Os sonhos continuaram, até que um dia, desesperado, resolvi consultar a minha senhoria.

— Por que você acha que essas coisas estão acontecendo com você, Martin?

— Tinha esperança de que você me dissesse! — repliquei, deprimido.

— Você deve ter alguma idéia. Tente usar a intuição!

— A única coisa que me ocorreu foi na Inglaterra, logo que os sonhos começaram. Jennifer me fez a mesma pergunta, e uma voz dentro da minha imaginação disse alguma coisa sobre a minha vida anterior!

De repente, foi como se eu tivesse sido atingido por um raio. Minha consulta com o clarividente, o que ele tinha-me dito sobre a vida passada e a previsão de que eu iria trabalhar com automóveis e que um dia emigraria.

— O que há? — perguntou ela, interrompendo o meu momento de iluminação.

— Nada! — respondi, sem querer compartilhar com outra pessoa aquela preciosa revelação.

— Tome este cartão. É o nome e o endereço de uma pessoa que lê auras. Ela é excelente e talvez seja capaz de esclarecer melhor a situação!

Peguei o cartão com relutância, agradeci e subi as escadas para o meu novo santuário, trancando a porta. Tinha que ficar sozinho para raciocinar logicamente sobre o que estava acontecendo.

O verão prosseguia, longo e quente. Já estávamos em agosto. Jennifer e eu nos matriculamos numa escola de idiomas em Hoorn e estávamos ansiosos pelo começo das aulas, em setembro.

O ensino era excelente e logo duplicamos nossos conhecimentos do holandês. Tudo parecia caminhar de acordo com o planejado, até que um dia, depois de uma manhã frustrante, tomei outra decisão súbita e importante. Deixei o emprego.

A longa viagem de ônibus para casa me deu oportunidade para tentar colocar em ordem os pensamentos. Por um lado, eu estava aliviado por não precisar voltar à fábrica, mas, por outro, como iria pagar o aluguel?

Jennifer chegou na mesma noite e, como era de esperar, zangou-se muito comigo; ainda mais pelo fato de que tínhamos planejado passar o Natal na Inglaterra e, além disso, já termos comprado as passagens. No final, ela concordou em me ajudar financeiramente, até que eu arrumasse outro emprego.

Passei as sete semanas seguintes viajando por toda Holanda, numa inútil procura por trabalho. Jennifer foi para a Inglaterra uma semana antes de mim, para passar algum tempo com a família. Depois, ela passaria o resto das férias comigo e com a família do meu irmão.

Entrei no avião em Amsterdã, animado com a perspectiva de passar o Natal na Inglaterra. No meio do vôo, tive a sensação horrível de que Jennifer não estaria no aeroporto esperando por mim com meu irmão e a família dele. Descartei aquele sentimento, atribuindo-o a um misto de ansiedade, imaginação e aos efeitos da turbulência, que sacudia violentamente o avião, deixando-me assustado. Todavia, depois de alguns minutos de balanços violentos, a aeronave se estabilizou e soltei um suspiro de alívio.

Eu não conseguia entender o motivo pelo qual a turbulência me afetara tanto. Afinal, eu já havia voado muitas vezes, sempre apreciando a experiência. Deve ter sido por causa da euforia aliada à tensão do desemprego, pensei.

Dez minutos depois, fizemos uma aterrissagem perfeita no aeroporto de Manchester. Retirei a minha bagagem e, seguindo os letreiros, passei pelo controle de imigração até o saguão, onde meu irmão e Jennifer estariam me esperando.

— Martin!

Era o meu irmão, parado no portão de chegada, pronto para levar a minha bagagem até o carro. Meu coração gelou.

— Onde está Jennifer? — perguntei, sabendo de antemão que aquilo que eu previa havia-se realizado.

Meu irmão se desculpou e explicou que só havia lugar para uma pessoa na casa dele. Felizmente, Jennifer podia ficar com os pais dela.

Devido às minhas condições financeiras, só conseguimos nos ver duas vezes durante as festas de Natal.

Assim, foi com um misto de alívio e de medo que Jennifer e eu finalmente embarcamos de volta para a Holanda. Finalmente, voltamos ao país que agora era nossa pátria. Eu sabia apenas que não pertencia mais à Inglaterra, embora não soubesse que futuro teria na Holanda. Sem emprego, sem dinheiro para pagar o aluguel, pensamentos sombrios encheram a minha mente no vôo de volta. Depois de uma deprimente conversa no meu apartamento, Jennifer tentou me animar dizendo que tudo daria certo e, depois, partiu para a casa dos patrões.

Deitei na cama. Jamais havia me sentido tão deprimido e culpado como naquele momento e, devido à raiva e à frustração, comecei novamente a culpar Deus.

— Você me criou e me colocou nesta situação horrível. Assim, é sua obrigação me tirar dela! — gritei, olhando para o teto.

Finalmente voltei a mim e logo desfiz a mala, separando os documentos necessários para procurar emprego no dia seguinte.

Meu despertador começou a tocar, assinalando o fim da minha agitada noite de sono. Tomei um banho rápido e um desjejum apressado, peguei o envelope pardo com os documentos e fui para o centro de Hoorn, resolvido a visitar todas as agências, apesar dos desapontamentos anteriores. Depois de dois resultados negativos, entrei na terceira agência.

— Ah, você é inglês! — disse o funcionário sorrindo, ao ouvir o meu sotaque.

— É, sou. Isso faz alguma diferença? — respondi, tentando em vão disfarçar o meu sotaque inglês.

— É claro que não. Apenas me admirei de você ter aprendido holandês com tanta rapidez!

— O que quer dizer?

— É que a minha namorada é inglesa e está tentando aprender holandês há quase dois anos, mas ainda não fala nada!

Depois de quebrar o gelo com uma conversa sobre os nossos respectivos países e culturas, ele se desculpou e desapareceu numa outra sala. Cinco minutos depois, reapareceu com um café fresquinho.

— Espero que não se importe, Martin, mas acabo de contatar um de nossos clientes, um fabricante de CDs, que concordou em contratá-lo em fase de experiência por dois meses, se você quiser!

É claro que eu queria! Dez minutos depois, tendo-me despedido do meu salvador, estava a caminho de casa, segurando outro envelope com as informações necessárias e o endereço do meu novo patrão, juntamente com uma carta de apresentação da agência.

Eu estava nas nuvens e mal podia esperar para contar as boas novas a Jennifer. Logo na primeira semana de volta à Holanda, eu havia conseguido um emprego, contra todas as expectativas. É claro que ela ficou aliviada e feliz com as notícias e passamos o resto da noite fazendo planos para o futuro e fantasiando a respeito de como seriam os próximos anos.

O emprego em si não era mau, ainda que fosse um trabalho sem qualificações. Mas o que mais eu poderia querer naquelas circunstâncias? Éramos cinco no armazém, incluindo o capataz, que não tinha medo de sujar as mãos e nos ajudava sempre que preciso. Isso criava uma atmosfera cordial e ajudava a promover o espírito de equipe. Passadas algumas semanas, fui aceito como membro da equipe. Depois de quebrar o gelo, eu me senti mais à vontade para acompanhar as ruidosas conversas que pareciam ser a marca registrada da hora do cafezinho.

Num dos períodos mais calmos, eu conversava com Bart, um dos meus colegas. De repente, tive a sensação de familiaridade que sempre precedia uma experiência *déjà vu*. Tentei ignorar o sentimento, enquanto Bart continuava a contar a história de sua vida, terminando por confessar que, com 24 anos de idade, jamais tivera uma namorada.

— Não se preocupe — interrompi, para meu próprio espanto. — Você encontrará uma dentro de um mês. Ela será loira, de olhos azuis acinzentados!

Bart parou e ficou pálido.

— Como você sabe? — murmurou.

— Como assim? — perguntei, imaginando se o havia ofendido.

Pelo jeito, Bart já estava de olho numa garota do seu vilarejo, que coincidia com a minha descrição e apenas tentava criar coragem para mandar uma carta para ela.

— Apenas um palpite! — disse a ele.

Na pausa seguinte, ficamos calados, imaginando como uma coincidência dessas poderia ter acontecido. Desse momento em diante, eu soube instintivamente que nossos caminhos estavam destinados a se cruzar e que esse estranho episódio não seria o último.

As semanas seguintes foram normais. Não voltamos a falar no assunto, até que um dia, frustrado, decidi me abrir e confiar meus pensamentos a ele. Ele continuava a trabalhar em silêncio enquanto eu revelava os meus pensamentos mais secretos sobre a minha vida na Inglaterra, meus estudos espirituais e as estranhas coincidências que me ocorriam regularmente. Depois de alguns segundos, Bart se virou e me disse:

— Por que está me dizendo isso?

— Ouça, Bart, eu apenas conto as minhas experiências às pessoas que possam se beneficiar delas, e você é uma dessas pessoas!

— Continue, por favor — disse Bart, que, apesar do que tinha ouvido, continuava calmo.

— Bem, você não precisa acreditar em nada do que vou dizer, mas, embora não tenha percebido, você tem a mesma capacidade espiritual que eu!

— Ouça... — começou Bart, percebendo que era hora de voltar ao trabalho. — Amanhã conversaremos mais a respeito disso. Tenho algo surpreendente para lhe dizer!

Insisti, mas ele não falou mais nada. Estava claro que eu teria que esperar.

No outro dia, ele revelou a prometida "surpresa". Eu não era a primeira pessoa a revelar a Bart suas habilidades, até então reprimidas e sem uso. Ele continuou a descrever uma série de estranhos acontecimentos e experiências que sempre tinha atribuído a coincidências. Tentei, em vão, convencê-lo de que coincidências não existiam; elas eram criadas, consciente ou inconscientemente, pela própria pessoa, como parte do processo de aprendizado. Imediatamente, ele começou a rir e continuou a trabalhar. Fiquei decepcionado. Era uma pessoa em quem eu confiava, mas que, a julgar pela sua atitude, não acreditava em nada do que eu dizia.

Subitamente, lembrei da experiência com aquele meu antigo colega, descrente e altamente crítico, na firma de automóveis na Inglaterra e soube o que deveria fazer.

Demonstrei o meu plano a Bart. O armazém no qual trabalhávamos tinha quatro alto-falantes, um em cada canto. O sistema de som estava ligado a uma das estações de rádio de Hilversum, sede holandesa de rádio e televisão.

— Ouça, Bart, desde que você trabalha aqui, alguma vez o rádio ficou fora do ar ou sofreu algum tipo de interferência?

— Não que eu me lembre. Por quê?

— Porque eu vou demonstrar a você, de uma vez por todas, que coincidência, no sentido comum do termo, não existe!

— E como você vai fazer isso? — perguntou Bart, desconfiado.

— Preste atenção. Já é quase meio-dia. Antes do fim do nosso turno, o rádio sairá do ar por cinco minutos. Você acreditará em mim, depois disso?

— É claro, mas isso é impossível. Não vai acontecer! — disse ele sorrindo.

Mais tarde, tendo esquecido completamente do que havia acontecido pela manhã, eu estava preparando um despacho no departamento de correio quando o "impossível" aconteceu. Faltavam alguns minutos para as três horas quando o rádio, subitamente e sem aviso, saiu do ar, mergulhando o armazém num silêncio inédito e estranho.

Bart correu para o escritório, para verificar o aparelho de som, pensando que eu havia mexido no botão de sintonia. Depois de certificar-se de que não era esse o caso, ele voltou o rádio para a freqüência silenciosa da estação, virou-se para mim e imediatamente continuou o seu trabalho, enquanto sacudia a cabeça, falando sozinho.

Eu não consegui resistir mais à tentação e chamei:

— Ei, Bart. Eu disse cinco minutos, lembra?

Precisamente às três horas, a estação de rádio voltou ao ar, com os três sinais que indicavam o boletim das notícias. Eu me senti eufórico e passei as duas horas restantes envolto numa nuvem de felicidade.

Posteriormente, sozinho em casa, relembrei os estranhos acontecimentos do dia. Eu sabia perfeitamente que as coincidências que sempre estiveram presentes na minha vida, desde a infância, estavam de volta para ficar, apesar dos meus esforços para evitar qualquer contato ou situação que envolvessem o mundo espiritual. Lá estava eu, num país estranho, novamente enfrentando pessoas e situações que me levariam, sem dúvida, àquela sede de conhecimentos anterior. Não era apenas isso; eu descobrira que as assim chamadas coincidências, em determinadas circunstâncias, poderiam ser controladas, algo que antes eu considerava impossível.

As semanas seguintes transcorreram normalmente e ninguém mais falou nada sobre a ocorrência, até que um dia, no horário mais calmo, Bart me abordou.

— Ouça, Martin, acho que lhe devo desculpas pelo meu comportamento!

— O que você quer dizer?

— É que, embora eu não tivesse dito nada na hora, eu acreditei em tudo o que você contou sobre as suas experiências. O motivo pelo qual eu zombei da sua história foi o medo, medo de enfrentar o desconhecido!

— E como você acha que eu me sinto, quando toda a minha vida até agora parece ter sido controlada por uma incrível sucessão de situações e acontecimentos?

— Sim, Martin, eu entendo, mas você já parou para pensar no motivo pelo qual tudo isso acontece com você?

Nesse ponto, lembrei do cartão de visitas que tinha recebido da minha senhoria e sua insistência sobre a autenticidade da moça que lia auras.

— É claro que sim, Bart, mas até agora jamais encontrei uma explicação satisfatória. Mas tenho a impressão de que logo encontrarei a resposta!

E falei a Bart sobre a pretensa leitora de auras, e prometendo contar a ele tudo o que acontecesse.

À noite, telefonei para a moça, mas ela estaria ocupada durante as próximas três semanas. Só consegui marcar uma entrevista para o mês seguinte. Eu estava meio desapontado por ter que esperar tanto, mas isso significava que, se a leitora de auras não fosse autêntica, pelo menos era muito popular.

Sete

As semanas seguintes passaram lentamente, até que chegou o dia da entrevista. Depois de um dia normal na companhia, voltei para casa de bicicleta, tomei um banho rápido, vesti-me e deitei para tentar relaxar. Depois de verificar no mapa o caminho mais curto, eu estava pronto. Tinha acabado de fechar a porta do quarto quando me lembrei da fita virgem que havia comprado especialmente para a ocasião. Depois de uma intensa procura, encontrei a fita.

Na minha pressa, acabei chegando uns quinze minutos antes da hora. Antes cedo do que tarde, pensei, criando coragem para tocar a campainha.

— Entre! — disse uma loira atraente, que, depois de abrir a porta, desapareceu pelas escadas acima.

— Sente-se e fique à vontade. Voltarei num momento! — disse ela lá de cima.

Um forte cheiro adocicado de incenso descontraiu os meus nervos tensos e sentei-me numa poltrona confortável, tentando apreender a atmosfera. Deve ser uma pessoa muito confiante, convidando um estranho para entrar na casa e desaparecendo, seja lá por qual razão, pensei.

— Desculpe-me, Martin! — disse ela ao voltar, apertando a minha mão e apresentando-se como Caroline.

— Quer chá ou café? — perguntou.

— Café está ótimo, obrigado!

Dois minutos depois, ela reapareceu com duas xícaras fumegantes. Sentou-se numa cadeira de espaldar reto, de aparência desconfortável, e começou a contar algumas experiências e o motivo pelo qual tinha-se tornado leitora de auras.

— Mais uma coisa antes de começarmos, acrescentou: você tem alguma pergunta em particular?

— Bem, na verdade, a única razão de eu ter vindo aqui é a minha vida anterior. Não vou entrar em muitos pormenores, mas estou certo de que alguma coisa da minha vida anterior está afetando as circunstâncias atuais!

— Está bem. Vou fazer o melhor possível. Pronto para começar?

— Sim, estou pronto. Posso gravar a sessão?

— É claro! — disse Caroline, colocando a fita num velho gravador. Depois de certificar-se de que o gravador estava funcionando, ela fechou os olhos e começou a respirar lenta e profundamente, até que, de repente, perguntou meu nome e data de nascimento. É estranho, pensei, ela já sabe o meu nome; e por que a voz dela está diferente? Tarde demais, pensei comigo mesmo, quando ela repetiu a pergunta.

— Martin, Martin Heald, nascido em 13 de abril de 1962.

Fiquei sentado na poltrona, olhando para Caroline, cujas pálpebras se moviam rapidamente, imaginando como eu tinha me metido naquela estranha situação.

— Primeiro — começou ela —, a julgar pela amplidão e pelas belas cores do seu campo energético, a sua vida até aqui consistiu de uma série de encontros espirituais e experiências que, à primeira vista, parecem completamente dissociados. Posso assegurar que as chamadas "coincidências" foram previamente orquestradas e organizadas, em todos os pormenores, para preparar o caminho da sua iluminação espiritual, com vistas ao cumprimento da sua tarefa aqui na Terra. Voltarei a falar dessa tarefa mais adiante. Falarei de todos os chakras, um a um, repassando cada uma das cores em particular!

Nesse ponto, ela parou por alguns segundos, respirando profundamente, e acrescentou:

— Alguma pergunta, até aqui?

— Não! continue, por favor! — murmurei humildemente.

O ceticismo havia desaparecido totalmente, devido à descrição acurada de minha vida até aquele momento, feita por uma completa estranha.

— Quanto à questão da sua vida anterior, posso dizer-lhe que você é uma alma extremamente antiga e espiritualmente consciente, com inúmeras encarnações anteriores. O contato com o mundo espiritual está profundamente arraigado dentro da sua alma. Você já deve ter percebido que tem capacidades ou dons especiais, os quais, caso não o tenha feito ainda, deverá desenvolver e utilizar, preparando-se para a sua tarefa aqui na Terra. Quero que saiba, sem que isso lhe suba à cabeça, que você é uma pessoa muito especial, com uma mensagem extremamente importante para a humanidade. Essa mensagem, em futuro não muito remoto, marcará uma grande transição na evolução humana no nosso planeta!

O estalido da fita cassete marcou o fim da primeira sessão. Pedi licença por um momento, enquanto Caroline virava a fita, pronta para começar a segunda parte.

Ela repetiu as perguntas anteriores:

— Nome e data de nascimento!

— Martin Heald, 13 de abril de 1962!

Podíamos começar a segunda parte:

— Estou recebendo quadros muito claros da sua vida anterior. Pelo uniforme e pelo ambiente, posso dizer com segurança que tem alguma coisa a ver com a última Grande Guerra. Você está entrando em alguma coisa parecida com um daqueles velhos bombardeiros, preparando-se para uma missão. A imagem seguinte que consigo ver é a do avião, no qual você estava, sendo atingido. Houve uma tremenda explosão e, embora você não tenha sentido dor, deve ter sido um choque incrível a transição da vida para a morte, sob condições que só posso descrever como de muita tensão!

A voz de Caroline estava tremendo de emoção e resolvi interromper o seu relato. Percebi que ela descrevia uma missão de bombardeio da RAF. Isso me desconcertou, pois eu não havia dito a ela que estivera na RAF na vida atual!

— Qual a cor do uniforme que eu estava usando?

— Era azul-escuro. Devia ser da Força Aérea, pelo que pude notar!

— Onde eles foram bombardeados?

— Em algum lugar sobre a Holanda. Pelo que sei, um dos principais motivos pelos quais você veio morar na Holanda é para retomar a energia que você deixou para trás depois da morte repentina!

"Agora estou vendo quadros de você como criança, na vida anterior. Mesmo muito pequeno, você já demonstrava ter alguns dons espirituais notáveis, embora permanecessem no nível inconsciente. Seus pais eram espiritualmente esclarecidos e compreendiam e apoiavam a sua educação espiritual!

"Clic." Fim do outro lado da fita cassete, bem quando Caroline começava a descrever as cores fundamentais do meu campo energético e o seu significado com relação ao meu avanço espiritual. Ela acrescentou que seria útil para mim visitar algum dos muitos terapeutas de regressão existentes na Holanda, para reviver a experiência. Isso poria fim aos sonhos recorrentes com acidentes aéreos.

Agradeci a Caroline pelo conselho e prometi entrar em contato novamente, caso houvesse um futuro desenvolvimento. Pedalei para casa o mais depressa que pude, no escuro, resolvido a ouvir as gravações que havia feito, antes de me recolher.

— E então? — perguntou Bart no dia seguinte.

— Então o quê? — provoquei.

— Vamos, conte o que aconteceu!

Relatei os acontecimentos da noite anterior e continuei a preparar os despachos do dia, deixando Bart ruminando as conseqüências da minha história.

— O que você acha? — perguntou ele.

— O que você espera que eu pense? — respondi, irritado, sabendo muito bem que Bart sabia o que eu estava pensando. — Quais são as probabilidades de uma mulher totalmente estranha inventar uma história que, coincidentemente, envolve a RAF, a Segunda Grande Guerra e, por último, a "coincidência" que me levou a entrar para a Força Aérea como operador de rádio, em vez da profissão de eletricista que eu escolhera?

— Sim, mas o que isso tudo tem a ver? — perguntou Bart, candidamente.

— Pense, Bart! Como você acha que a tripulação dos bombardeiros se comunicavam com a base, naquelas missões sobre a Alemanha? Por meio do código Morse, é claro!

— Sim, mas...!

— "Mas", coisa nenhuma! — interrompi rudemente. — Ouça, Bart, você talvez não acredite no que vou lhe dizer, mas quando eu me apresentei no escritório de recrutamento da Força Aérea, para fazer os testes de aptidão para o código Morse, o oficial me informou que fui a primeira pessoa em toda a história dos testes a conseguir um resultado de 100%, e ele ainda me perguntou se eu já conhecia o código!

Isso tudo é inacreditável, pensei, pois as familiares ondas de *déjà vu* tinham retornado. Naquele momento, eu já havia tomado uma decisão. No meu íntimo, já sabia que, por mais improvável que fosse a história, havia muito de verdade nas palavras da leitora de auras e, futuramente, eu tentaria marcar uma entrevista com um terapeuta de regressão.

Jennifer e eu tínhamos que tomar algumas decisões importantes com relação ao futuro imediato. O contrato dela como babá terminaria em breve. Coincidentemente, ao mesmo tempo terminaria o contrato de locação do apartamento. Resolvemos que eu procuraria um lugar adequado para nós dois morarmos, liberando Jennifer para encontrar um emprego.

A enormidade das duas tarefas logo se tornou patente, pois o mês de junho de 1993 se aproximava rapidamente, deixando-nos numa situação difícil. Jennifer logo estaria desempregada e eu ainda não tinha encontrado um apartamento, apesar de todos os esforços.

Já tínhamos perdido as esperanças, quando, certa noite na escola de línguas, encontramos amparo num amigável casal de russos, que havia recebido asilo político na Holanda. Eles haviam conseguido uma casa de três quartos, um completo desperdício de espaço para um casal, segundo eles. Jennifer e eu ficamos extremamente agradecidos por aquela esperança de salvamento. Depois de uma breve conversa e uma visita à casa deles, que era grande e confortável, aceitamos a oferta.

Três semanas depois, com a ajuda de Bart e da enorme caminhonete do pai dele, Jennifer e eu nos mudamos para a casa de Andrei e Olga. Apesar das diferenças culturais, descobrimos muitos pontos em comum. Eram muito talentosos e criativos. Andrei e eu compartilhávamos o mesmo gosto musical. O ambiente na casa era fantástico e nos entendíamos muito bem. Mas Jennifer e eu não queríamos abusar da hospitalidade e continuamos a procurar um apartamento só para nós.

Uma vez por semana, eu andava pelo centro de Hoorn, na esperança de encontrar uma casa ou apartamento para alugar. Num dia bastante cansativo, eu caminhava para o ponto de ônibus quando vi uma loja de aspecto estranho. Atravessei a rua, imaginando por que motivo nunca havia reparado nela. Era uma loja "New Age". Como eu não havia visto essa loja antes?, pensei, examinando-a por dentro. Estava atulhada com livros e artefatos destinados a uma única finalidade: saciar a minha sede de informações sobre assuntos espirituais. Depois de alguns minutos e algumas compras, fui para o ponto a tempo de apanhar o último ônibus para casa.

Andrei e Olga estavam visitando alguns amigos em Amsterdã e dormiriam por lá. Jennifer e eu ficamos a sós pela primeira vez em muitos meses. Ela viu pela janela que eu estava chegando e colocou a chaleira no fogo para fazer chá.

— As notícias são boas ou más? — perguntou, enquanto tomávamos o chá.

— Boas e más, acho. A má notícia é que não encontrei nada para alugar. A boa notícia é que encontrei uma loja de produtos esotéricos que tem absolutamente tudo em matéria de artigos relativos a assuntos espirituais!

— Mas como isso vai nos ajudar na atual situação?

— Jennifer, escute. Eu sei que você tem muitas dúvidas quanto às minhas assim chamadas capacidades espirituais, mas só peço algum tempo e paciência e verá que a nossa situação vai melhorar!

— Há um mal-entendido aí! — começou Jennifer. — Eu sempre acreditei nos seus dons, desde o começo, principalmente depois dos sonhos e coincidências, que você me disse que não eram coincidências no sentido comum do termo!

— E por que você nunca me disse isso antes?

— Porque eu não queria deixá-lo convencido. Além disso, eu pretendia encontrar emprego sozinha, por meus próprios méritos, sem achar que estaria prejudicando outra pessoa!

Martin Heald com o uniforme da RAF. "Data de ingresso: 15 de abril de 1980." *(Fotografia do álbum de família)*

"Seguindo as instruções de Josee, lá estava eu andando em direção a uma casa grande e evidentemente aristocrática." Antigo vicariato de Swallowfield, Berkshire. *(Fotografia de Jon Stone)*

"No momento seguinte, fui transportado de volta no tempo e me achei do lado de fora do vicariato, no jardim dos fundos." *(Fotografia de Jon Stone)*

"Os quadros eram bem reais, pensei, descrevendo o belo rio que corria pela aldeia, com uma ponte pitoresca perto do lugar onde Richard costumava pescar." *(Fotografia de Jon Stone)*

"... a igreja da qual o pai de Richard era encarregado tinha uma torre baixa. Achei estranho, pois a maioria das igrejas na Inglaterra, segundo eu me lembrava, tinham torres altas." *(Fotografia de Jon Stone)*

O memorial da Segunda Grande Guerra, em Swallowfield. O nome do sargento da RAF Richard Seymour aparece no fim da lista. *(Fotografia de Jon Stone)*

"O bombardeiro Halifax era geralmente tripulado por sete homens, incluindo o operador de rádio, que se comunicava com a base em terra por meio de código Morse, durante os longos vôos noturnos sobre a Alemanha." *(Fotografia cedida por cortesia do Imperial War Museum)*

SEYMOUR, Sgt. RICHARD HENRY CREED, 1166511. R.A.F. (V.R.). 158 Sqdn. 20th July, 1942. Age 21. Son of the Revd. Archibald Thomas Seymour and Mary Seymour, of Swallowfield Vicarage, Berkshire. Panel 93.

Date of crash	:	20th July 1942
Time of crash	:	02.52
Aircraft	:	Halifax Mk II
Codes	:	W1162 NP-D
Squadron	:	158
Base	:	East Moor Yorkshire
Crashed near/in	:	North Sea 30 kms N of the island of Terschelling Netherlands
Crash due to	:	Night Fighter Oberleutnant Egmont Prinz ZUR LIPPE WEISSENFELD II./NJG2

Killed :

Sgt Arthur Ernest WATKINS, Obs, 21, 1331702, RAF (VR)	
Sgt Patrick Joseph DILLON, Pilot, 1378506, RAF (VR)	Grave 7.C.6
Sgt William Henry ROGERS, Fe, 520277, RAF	Grave 7.C.11
Sgt Herbert Edward GODFEREY, Ag (Miduppergunner), 23, 405482, RNZAF	Grave 7.C.12
	Grave 7.E.14

Missing :

Sgt Robert FORGIE, Ag (Reargunner), 653037,	RAF	Runnymede Panel 83
Sgt Douglas Arthur REDLER, Ab, 25, 1169796,	RAF (VR)	Runnymede Panel 92
Sgt Richard Henry Creed SEYMOUR, Wop/Ag, 21, 1166511,	RAF (VR)	Runnymede Panel 93

Taken Prisoner :

Cemetery : Sage War Cemetery Oldenburg (Germany)

Take Off : 23.56 Target : Naval Yards at Vegesack.

Remarks :

Burials were initially in the Lutheran Cemetery at Borkum.

Details collected by Mr J.G.J. de Haan, Kronenland 1432, 6605 RW WIJCHEN The Netherlands

O relatório de acidente da Segunda Grande Guerra "...confirmou tudo o que eu havia visto sob hipnose (...) No alto à direita, havia uma fotocópia do seu epitáfio, confirmando que o pai era vigário".

Martin Heald com Jennifer (à esquerda) e
a hipnoterapeuta Josee Van Asten, em foto feita na Inglaterra
durante as filmagens do programa de TV.
(Fotografia cedida por cortesia de REINCARNATION INTERNATIONAL*)*

— Você está me dizendo que estamos nessa situação infeliz por causa do seu orgulho?

— Se você quer colocar nesses termos, sim!

— Ouça com atenção. Os meus "dons" nada têm que ver com o mundo normal. Pensamentos e sentimentos tais como orgulho e egoísmo fazem parte da psique humana, mas posso assegurar que não estão ligados ao lado espiritual da nossa natureza!

— Será que preciso implorar? — pediu Jennifer.

— O que você quer dizer?

— Faça o que tiver que fazer para nos tirar desta situação. Para mim chega!

— Tudo bem. Quero ficar sozinho por meia hora. Acabei de comprar uma nova fita cassete, a qual, conforme o manual de instruções, leva o ouvinte a um profundo transe meditacional!

Depois de ler cuidadosamente as instruções, fechei as cortinas do quarto, deitei confortavelmente na cama e, depois de cinco minutos de profunda respiração controlada, liguei o toca-fitas.

A fita começou com o som relaxante de pássaros chilreando, passando depois para um zumbido vibrante, parecido com um enxame de abelhas enfurecidas. Em dez minutos, eu estava tão profundamente relaxado que as sensações corporais deixaram de existir. Estava tão maravilhado com esse novo sentimento de consciência espiritual que nem ouvia mais o som da fita.

Comecei a visualizar uma mudança para melhor na nossa situação, tentando imaginar como seria a nossa nova casa. Pouco antes de a fita terminar, vi Jennifer abrir uma carta e seu rosto iluminar-se de alegria...

A gravação terminou abruptamente, trazendo-me de volta à Terra com um baque. Eu me sentia muito estranho. Meu corpo parecia três vezes mais pesado que antes.

— Bem, como foi? — disse Jennifer, tentando parecer otimista.

— Temos que esperar para ver! — respondi, lutando para retomar minhas faculdades e percebendo que a fita tinha-me levado realmente a uma profunda meditação.

Menos de duas semanas depois, o impossível aconteceu. Jennifer foi chamada para uma entrevista numa creche em Amsterdã. No segundo contato, foi-lhe oferecida a vaga de líder do grupo de recreação, a qual ela aceitou de bom grado.

Enquanto ela estava na segunda entrevista, recebi um telefonema de um senhorio oferecendo um magnífico apartamento de dois quartos, localizado no centro de Hoorn. Aceitei o convite, anotei o endereço e marquei uma visita para aquela noite. Eu estava tão animado que esqueci de perguntar a ele como havia conseguido o telefone do meu emprego, e tomei nota mentalmente para perguntar mais tarde.

Cheguei um pouco antes da hora e já ia tocar a campainha quando um homem de aparência alegre apareceu atrás de mim. Depois das apresentações, o senhorio (pois se tratava dele) mostrou-me um luxuoso apartamento. Disse que me daria duas semanas de carência, sem pagar aluguel, até o início do mês seguinte e que eu poderia mudar imediatamente, se quisesse. É claro que aceitei e, pouco antes de sair, lembrei-me de perguntar-lhe como havia encontrado o meu telefone.

— É simples, disse ele. — Minha mulher e eu somos donos da loja ali embaixo e de vez em quando ela faz compras no supermercado local. Foi lá que ela viu o seu anúncio. Você tem muita sorte; é a segunda vez que ela vai a esse supermercado este ano!

Isso é impossível, pensei, enquanto pedalava para casa. Jennifer havia colocado o anúncio no estabelecimento há mais de seis semanas e, de acordo com as regras do supermercado, deveria ter sido retirado depois de sete dias, para permitir a outras pessoas usar o espaço gratuito do anúncio.

— É apenas uma coincidência! — disse Jennifer, mas o seu rosto se iluminou de alegria com essa súbita mudança na nossa sorte.

Andrei e Olga ficaram satisfeitos por nossa causa, mas sentiram-se tristes com a nossa partida e nos perguntaram se estávamos tomando uma decisão certa.

— Ouçam! — disse Jennifer. — Vocês serão sempre bem-vindos. Venham quando e por quanto tempo quiserem!

Mais uma vez, Bart ofereceu seus préstimos e o uso do carro do pai. Dois dias depois, Jennifer e eu começamos a nos instalar na nova casa, usufruindo da liberdade de sair e voltar quando quiséssemos; liberdade que também nos permitiria numerosas visitas a lojas em luxuosos centros comerciais para comprarmos as coisas de que necessitávamos. Não tínhamos sequer talheres, louça ou utensílios de cozinha.

— Esses luxos ficarão para mais tarde! — disse Jennifer.

Ela parecia mais feliz que nunca. Seu emprego na creche e os novos colegas eram tudo o que sempre desejou.

Assim, pudemos respirar um pouco mais aliviados. Havíamos levado quase quinze meses, mas finalmente estávamos na nossa própria casa e ambos trabalhando. Podíamos desfrutar da recompensa pelos nossos esforços. Tudo isso e mais um verão escaldante, fez do ano de 1993 uma época memorável.

O único ponto negativo era o meu emprego. A companhia começou a se expandir, o que levou a um enorme aumento de trabalho para a nossa pequena equipe. Depois de várias reclamações, o gerente cedeu e contratou mais três empregados temporários, aumentando para sete o número de pessoas. Depois de um período de adaptação, os novos contratados foram aceitos na nossa comunidade, podendo trabalhar em período integral, o que era raro acontecer.

Uma dessas pessoas em particular atraiu a minha atenção. Mary tinha apenas dezessete anos e estava trabalhando nas férias escolares para ganhar algum dinheiro extra. A primeira vez que a vi, senti o mesmo *déjà vu* que sentira com relação a Bart, dez meses atrás. A partir desse momento, soube que iria levar as nossas conversas para o terreno espiritual, para avaliar a reação dela. Como iria conseguir isso, eu ainda não sabia, até que num dia particularmente monótono, trabalhando perto de Bart, tive a oportunidade esperada. Mary havia concluído um despacho de exportação e colocara o pacote de CDs na mesa de Bart; depois, foi para o escritório para pegar um novo pedido. Quando tive a certeza de que ela poderia me ouvir, gritei para Bart:

— Por que cargas d'água escolhi o ano de 1962 para nascer?

Bart riu e respondeu:

— Você é que sabe...!

Resmunguei alguma coisa e encolhi os ombros, com um olho em Mary, que pegou um novo pedido e caminhou até o outro lado do armazém.

Fiquei desapontado. Ou ela não percebeu que eu tentava chamar a sua atenção, ou a minha intuição dessa vez estava completamente errada. Convenci-me de que ela não me ouvira, pois o volume da música era alto. Resolvi improvisar; caso houvesse outra oportunidade, tentaria novamente fazer o primeiro contato.

No dia seguinte, decidi esquecer a decepção e pôr em dia algumas encomendas que já estavam atrasadas. Mergulhei no trabalho e já nem me lembrava do incidente, quando Mary se aproximou timidamente.

— Olá, Martin. Ouvi o que você disse ao Bart ontem. O que você quis dizer quando falou que nasceu em 1962?

— Do que você está falando? — perguntei brincando.

Depois de ouvir cuidadosamente a resposta de Mary, e uma pungente história sobre a sua infância, soube que havia acertado novamente na mosca. A partir desse momento, resolvi confiar na minha intuição. Como poderia ter duvidado? Desde o meu nascimento até então, fora-me demonstrado, por meio de coincidências, uma capacidade latente em mim, que sempre preferi ignorar, apesar do acúmulo de evidências que fariam qualquer cético acreditar.

O encontro com Mary revelou-se um marco importante na minha vida e logo ficamos bons amigos. Passávamos muitas horas juntos, conversando sobre as nossas vidas e compartilhando idéias, crenças e experiências espirituais. O assunto principal era sempre o meu encontro com a leitora de auras e a espantosa "coincidência", como Mary costumava chamá-la, da RAF e do código Morse. Finalmente, depois de muita insistência por parte dela, prometi visitar um terapeuta de regressão depois do Natal. Eu esperava que ela esquecesse a promessa, que, afinal, fora feita sob pressão.

Jennifer e eu festejamos em casa nosso primeiro Natal na Holanda e convidamos muitos amigos. Nós nos divertimos muito, particularmente nas festas de Ano Novo, nas quais, depois de muito tempo, eu me excedi e bebi um pouco além da conta. Acordei no dia seguinte com uma tremenda ressaca. Não é uma boa maneira de começar o Ano Novo, pensei, engolindo um analgésico e prometendo a mim mesmo jamais permitir que isso acontecesse de novo, sob qualquer pretexto.

Os primeiros meses de 1994 foram monótonos, se comparados com os de 1993, até que Mary lembrou a promessa que eu havia feito a ela "no ano passado". Ela continuou a me importunar até eu ceder.

Não sei por que estou fazendo isto, pensei discando cuidadosamente o telefone da terapeuta mais próxima. A terapeuta, que se apresentou como Josee, pelo telefone parecia muito animada e, embora estivesse com a agenda completamente lotada para o mês seguinte, concordou em me encaixar nos próximos quinze dias. Agradeci e prometi telefonar caso mudasse de idéia. Mas a probabilidade de que isso acontecesse era muito remota, pensei, lembrando do olhar sarcástico de Mary.

— E então? — disse Mary no dia seguinte.

— Então o quê? — devolvi, prolongando um pouco a tortura.

Depois de mais de uma hora ouvindo os xingamentos dela, coloquei um ponto final nas dúvidas de Mary. Afinal, sem a insistência dela, eu não teria tido a coragem de marcar uma entrevista com a terapeuta.

Mary conseguiu também uma carona para mim, sob o pretexto de que, caso eu mudasse de idéia, cancelaria não só a minha entrevista como recusaria a gentil oferta de Bart.

Eu não tinha nenhuma intenção de cancelar a entrevista.

Oito

Chegou o dia da entrevista e Jennifer, sentindo o meu nervosismo, desejou-me boa sorte e aconselhou que eu relaxasse e aproveitasse a experiência.

— É fácil falar...! — murmurei, já pronto para sair.

Jennifer prometeu me esperar e, depois de um beijo de despedida, fui até o local onde Bart me esperava.

— Para onde vamos? — disse ele, meio impaciente. — Tenho outro compromisso depois!

Procurei no bolso e consegui encontrar o endereço, numa pequena aldeia de pescadores a uns dezesseis quilômetros de Hoorn.

— Pensei que fosse fácil de achar! — disse Bart, abaixando o vidro para pedir informações a um morador.

Depois de dez minutos tensos, chegamos. Agradeci a Bart e prometi contar tudo no dia seguinte. Esperei que ele se fosse e apanhei a fita cassete virgem que havia comprado especialmente para aquela ocasião.

— Entre, Martin! — disse Josee.

Ela parecia mais jovem do que eu havia imaginado pela voz ao telefone. Apresentou-se e subimos rapidamente para um dos quartos.

— Aqui é mais quieto e não seremos incomodados! — sorriu ela. — Acabei de fazer chá de ervas. Não quer tomar uma xícara, antes de começarmos?

— Quero sim, por favor! — respondi, admirado com a informalidade, e dissipando as idéias preconcebidas que eu havia formado.

Josee voltou com o chá e começou a explicar como era a terapia, fazendo desaparecer quaisquer preconceitos que eu ainda pudesse ter. Depois do chá, indagou se eu tinha alguma pergunta sobre a minha vida passada. Descrevi o encontro com a leitora de auras e as informações que vieram à tona na ocasião. Perguntei a Josee se ela poderia prestar atenção em especial nos nomes, nas datas e nos locais.

— Farei o possível, Martin, mas você tem que saber que, geralmente, são necessárias várias sessões de hipnose para que os acontecimentos de uma vida anterior comecem a surgir!

Agradeci pelo conselho e, depois de verificar se a fita cassete estava gravando, segui as instruções e acomodei-me no sofá. Josee me cobriu com um cobertor.

Fechei os olhos e percebi que ela se ocupava com alguma coisa. Fiquei imaginando o que ela estaria fazendo e uma música relaxante começou a soar no ambiente preenchido pela fumaça do incenso.

Quase não se ouvia a voz dela acima da encantadora música e, segundo as instruções, comecei a sentir os músculos relaxando, até que ela pousou a mão na minha testa. Esse toque era tão quente e reconfortante que desejei que permanecesse para sempre. A essa altura, todas as sensações associadas ao meu corpo começaram a desaparecer, restando apenas a consciência.

Aquilo era o real para mim. Sem o peso do corpo, eu estava completamente livre dos limites do tempo e do espaço. O conceito de dias, horas e minutos tornou-se obsoleto, enquanto aquela sensação especial de liberdade completa e total tecia algo mágico em torno das sensações remanescentes.

Eu estava tão entretido explorando esse mundo novo, porém de algum modo familiar, que esquecera completamente onde estava, quando ouvi a voz de Josee, baixa mas audível, atravessar os profundos níveis de consciência que eu havia alcançado.

— O dia está muito agradável e ensolarado! — começou ela. — Você está dando um passeio no campo, através de um pequeno bosque e, ao atravessá-lo, pode ver uma casa grande à distância. Você está vendo a casa?

O que estava acontecendo era inacreditável. Num instante, a escuridão fora substituída por um belo dia de sol e, conforme as instruções de Josee, eu estava caminhando, de fato, em direção a uma casa grande e certamente aristocrática. A voz dela interrompeu o meu trajeto até o prédio imponente e agora iluminado.

— Quando chegar à porta da frente, você verá que ela está destrancada. Quero que entre. Lá dentro, verá duas fileiras de portas, em ambos os lados do corredor. Quando chegar nesse ponto, avise-me!

Senti-me às mil maravilhas ao entrar na casa. A aventura estava-se tornando parecida com a de *Alice no País das Maravilhas* — uma viagem de faz-de-conta mas que, ao mesmo tempo, parecia real. As portas dos dois lados do corredor pareciam estender-se ao infinito.

— Agora quero que você escolha a porta que representa a sua última vida na Terra. Abra e entre!

Conforme as instruções, abri uma das portas, esperando não ver nada do outro lado. Afinal, aquilo era apenas uma fantasia...

Entrei num cômodo grande e espaçoso, estranhamente familiar. Comecei a explorá-lo e a descrever para Josee o que via. Andei em volta do quarto, tentando apreender tudo, enquanto respondia às perguntas de Josee, que estavam começando a me irritar!

— Estou caminhando sobre um tapete muito bonito, estampado principalmente nas cores vermelha e bege. Pela janela posso ver um jardim muito bem cuidado. No quarto, há uma lareira. Em cima dela, há um espelho antigo pendurado!

— Você é homem ou mulher?

— Homem!

— Adulto ou criança?

— Dezoito, dezenove anos!

— Em que ano?

— 1938!

A pedido de Josee, explorei o resto da casa e já ia descer as escadas quando ela perguntou:

— Qual o seu nome? Sua mãe está chamando lá de baixo. Qual o seu nome?

Fiquei ali parado no topo da escada, tenso, por um período que me pareceu muito longo, até que ouvi uma voz feminina familiar me chamando.

— Richard, Richard Seymour!
— Em que país você mora?
— Na Inglaterra!
— Em que lugar da Inglaterra?
— Em algum lugar perto de Oxford!
— Você ainda está na escola?
— Não, mas estou estudando em casa!
— O que o seu pai faz?
— Ele é vigário. Trabalha na igreja!
— Ele é rico?
— Mais ou menos!
— Em que ano estamos?
— 1938!
— Quantos anos você tem agora?
— Dezoito!
— Muito bem. Agora quero que você avance no tempo até que algo importante aconteça!

Em seguida, uma coisa muito estranha ocorreu. Num minuto eu estava feliz ali na escada da casa e no minuto seguinte fui transportado através do tempo e do espaço e me encontrei num uniforme da Força Aérea. Ele não estava muito bem ajustado e o tecido irritava a minha pele.

— O que está acontecendo? — perguntou Josee.
— O uniforme. É muito pesado!
— O uniforme está muito pesado em você?
— Está!
— E depois?
— Muitos tiros; exercícios militares!
— Uma vida completamente diferente daquela que você levava?
— Sim, completamente diferente!
— O que aconteceu depois?
— Fui escolhido!
— Para que você foi escolhido?
— Para aprender o código Morse!
— E depois?
— Fui transferido para outro campo!

— O que você acha disso?

— Nada!

— Bem. Quero que você avance novamente no tempo, até o próximo acontecimento importante!

Ali estava eu de novo. As lembranças se diluíram numa escuridão envolvente, seguidas por novos acontecimentos. Fiquei pensando se eu teria algum controle sobre aquela estranha situação.

Subitamente, vi-me sentado numa cadeira desconfortável, num lugar que parecia ser um hangar lotado. Todos riam e brincavam, enquanto bebiam chá quente. Ao avaliar a nova situação, reconheci alguns amigos e colegas, todos conversando animadamente e soltando gargalhadas.

— Em que você está pensando? — interrompeu Josee.

— Todos os meus amigos estão rindo e brincando!

— Você não compartilha da alegria deles?

— Não. Tive uma premonição do que irá acontecer conosco, mas não posso contar a eles!

— O que irá acontecer?

— Morte!!!

— Tudo isso tem que ver com a guerra?

— Tem!

— Como você se sente?

— Muito triste, vendo meus amigos pela última vez!

— Só você sabia o que iria acontecer?

— Sim, mas como poderia contar a eles?

— Você perdeu muitos amigos?

— Não amigos realmente. Eram mais colegas do que amigos!

— Bem. Avance mais uma vez no tempo, até o próximo acontecimento ou situação importante!

Novamente a estranha seqüência de fatos, mas desta vez eu me vi num conjunto de circunstâncias totalmente diferente.

Eu estava sentado no lado esquerdo de um avião muito barulhento, olhando para um velho aparelho de rádio. A sensação de estar no meio de um vôo, bem como o ambiente sombrio e escuro, tornava a cena quase surrealista.

Eu forçava os olhos para enxergar em volta, quando um dos colegas, que estava conversando, começou a gritar instruções para mim, embora o ruído dos motores abafasse completamente a mensagem. Eu pedi a ele que repetisse, quando a voz familiar de Josee interrompeu.

— O que está acontecendo agora?

Tudo estava confuso. Eu não sabia se respondia a Josee ou se falava com o meu colega, que agora estava tentando gritar ainda mais alto para se fazer ouvir.

— Quero que você avance ainda mais e descreva o que acontece!

— Luzes, luzes muito brilhantes!

— E depois?

— O avião está sendo atacado!

— E agora?

— Explosões!

— E depois?

— Escuridão completa. O vazio!

— O avião foi atingido?

— Foi, por baixo!

— Você ainda está vivo?

— Não!

— Pode ver o seu corpo em algum lugar?

— Não. Ele foi completamente queimado!

— E você?

— Perdido e confuso. O que acontecerá em seguida?

— Você está assustado?

— Não!

— Você compreende que está morto?

— Compreendo!

— Muito bem. O que aconteceu em seguida? Alguém veio ao seu encontro?

— Não!

— Ninguém?

— Sim, uma luz extremamente brilhante!

— Seus pais ainda estão vivos?

— Estão!

— Haverá muito luto por sua causa?

— Haverá sim!

— Qual foi a sua tarefa naquela existência?

— Estar preparado para fazer sacrifícios, mesmo à custa da própria vida!

— Qual a sua tarefa nesta existência?

— Completar a tarefa que comecei na vida anterior!

Josee resolveu interromper a sessão e trouxe-me de volta à consciência normal. Ela terminou dizendo que talvez eu sentisse alguma dificuldade para me movimentar no começo e que eu deveria tentar mover os dedos dos pés e das mãos.

Tolice, pensei. Tentei comandar o corpo para me mover, mas foi em vão. Levei uns dez minutos para ficar em pé. Só então percebi como fora profunda a hipnose.

Josee e eu conversamos brevemente. Depois ela me levou até à estação de trem. Prometi entrar em contato novamente, caso achasse necessária uma nova sessão. A viagem de volta para casa pareceu durar apenas alguns momentos. O meu pensamento estava longe, revivendo aqueles instantes derradeiros e fatais da minha vida anterior.

Nos meses seguintes, tentei em vão restabelecer a existência de Richard Seymour. Escrevi e telefonei para a maioria das associações ligadas à Segunda Grande Guerra. Em quase todas fui informado de que, lamentavelmente, só poderiam me dar notícias mais precisas se eu fornecesse o número do esquadrão ou o seu número de serviço.

Todo o episódio se tornou uma obsessão para mim, principalmente porque eu sabia que o que havia relembrado sob hipnose eram eventos reais e não fruto da fantasia.

Numa das pausas para o café, no trabalho, o assunto foi música. Mencionei minha preferência por música experimental. Marcel, uma das pessoas mais quietas que já vi na vida, ofereceu-se para me levar a uma discoteca no fim de semana, explicando que no sábado o tema da noite seria música experimental. Um sentimento de horror tomou conta de mim, enquanto a imagem de uma discoteca abarrotada passou pela minha frente. Eu ainda não conseguia administrar as emoções, que atingiam o auge naquele tipo de estabelecimento.

— Ora, vamos. Você vai gostar! — disse Marcel, tentando me convencer. — E então?

— Está bem! — respondi, tentando enfrentar e talvez vencer o meu receio.

— Aproveite! — disse Jennifer, enquanto eu descia para atender Marcel.

— Tentarei! — respondi resignado.

— Bem, e onde, exatamente, fica essa discoteca?

— Do outro lado do aeroporto! — respondeu ele. — Em meia hora estaremos lá!

Para antecipar a diversão, Marcel colocou uma fita no toca-fitas e aumentou o volume, tornando impossível qualquer conversação.

— Você está quieto. O que há? — perguntou Marcel, elevando sua voz acima da música ensurdecedora.

— Não consigo ouvir nem os meus pensamentos!

— Desculpe! — disse Marcel, e abaixou o volume para um nível mais aceitável.

Estávamos no meio de uma conversa aborrecida sobre o tempo e a vida em geral, quando passamos pela pista do aeroporto de Schiphol. Olhei para a pista tentando encontrar alguma coisa interessante para dizer, quando pela minha mente passou a imagem de um avião sobrevoando a estrada e caindo num campo próximo. A cena que testemunhei me parecia tão real que resolvi mencionar a Marcel, como se fosse alguma brincadeira.

— Ei, Marcel, a pista fica muito perto da estrada. Imagine se um avião confundir as luzes da estrada com as luzes da pista!

— Isso nunca aconteceu!

— Mas para tudo há uma primeira vez!

Todavia, eu esperava que a minha "visão" fosse apenas isso: uma visão.

Chegamos logo ao nosso destino e, apesar da desconfiança inicial, eu me diverti bastante, isto é, até acordar no dia seguinte com uma ressaca gigantesca.

— Houve um acidente de avião em Schiphol — disse Jennifer, enquanto me trazia uma xícara de café.

— Você está brincando, não está?

— Veja você mesmo! — respondeu ela, ligando para um teletexto.

Um frio percorreu minha espinha enquanto eu lia a reportagem.

O número da pista era mencionado, mas eu não sabia se era aquela que ficava próximo à rodovia. O boletim seguinte mostrava o acidente exatamente como eu havia visto na noite anterior.

— Você já teve essas premonições antes. Por que está tão preocupado? — perguntou Jennifer.

— Porque eu contei a Marcel e, o que é pior, fiz uma brincadeira a respeito!

— Não se preocupe. Amanhã provavelmente ele terá esquecido tudo. Além disso, ele é cético, não é?

Quando cheguei ao trabalho, no outro dia, havia resolvido não falar nada sobre a noite de sábado, mas era tarde, pois Marcel já havia contado a todos no armazém.

— Vou trazer um café. Sente-se e relaxe! — disse Bart.

— O que há? — gaguejei, sabendo muito bem o que havia.

— Ouvimos falar sobre sábado!

— Sobre sábado, o quê? — perguntei, tentando blefar.

— Eu contei a eles sobre o acidente de avião! — disse Marcel, desculpando-se.

— Foi apenas uma coincidência!

— Ora, vamos!

O sinal para começar o trabalho soou, salvando-me de uma situação que começava a se tornar complicada.

Em uma semana, todos os meus colegas haviam-se esquecido da minha "coincidência", menos Bart, que me atazanava constantemente.

— Coincidência coisa nenhuma! — repetia ele todos os dias, até que não agüentei mais.

— Ei, o que é que você está pretendendo? — disse eu bruscamente.

Ele me olhou meio sem jeito. Pedi desculpas pela rispidez e expliquei como me senti quando o meu "sonho" se tornou uma pesadelo real.

— Não quero discutir isso agora e, de qualquer maneira, nem sei como explicar!

— Bem — disse ele —, eu só estava curioso em saber se você tem essas premonições regularmente!

Depois de uma breve conversa, prometi que contaria a ele caso tivesse outro daqueles sonhos. O destino determinou que ele não teria que esperar muito!

* * *

Tivemos uma semana agitada no serviço, tão agitada que resolvi me deitar antes de Jennifer. Não me lembro de como caí na cama e peguei no sono. Só sei que de repente ouvi distintamente o som de vozes e acordei tremendo.

Por que eu?, pensei, olhando pela janela de um avião para a escuridão da noite. Eu estava sentado no lado esquerdo, no assento da janela, e quis perguntar a um dos companheiros de viagem o que estava havendo. Depois de alguns minutos, desisti. Não podia mover o corpo nem um milímetro, mas conseguia mexer a cabeça de um lado para outro. Já estava resignado, quando duas aeromoças passaram ao meu lado.

— Por favor! — gritei em vão.

Elas não me viam, nem ouviam.

Olhei pelo corredor entre os assentos e tentei ouvir uma animada conversa entre um senhor de meia-idade e uma moça que parecia ser sua filha. Que língua é essa?, pensei, enquanto a garota dava gargalhadas. Era, com certeza, uma língua do leste europeu, talvez húngaro.

As duas aeromoças voltavam para a frente do avião quando o desastre aconteceu. De repente, o avião mergulhou de cabeça e senti o efeito da gravidade sobre o meu "corpo". Olhei e senti o terror e o pânico no rosto dos outros passageiros, enquanto o avião se precipitava para o solo. As pessoas e bagagens eram jogadas de um lado para outro. Alguns segundos antes do impacto, fui arrancado da aeronave condenada e acordei suando muito, com o coração batendo furiosamente. Sentindo-me mal, desci as escadas. Jennifer estava assistindo à televisão.

— O que aconteceu? — exclamou ela.

Contei o meu sonho em pormenores, enquanto Jennifer fazia o chá.

— Não há ninguém que você possa avisar? — perguntou.

— O pior de tudo é que ninguém iria me levar a sério. Ainda por cima, não sei que língua eles falavam e menos ainda qual era o vôo!

Contei a Bart o meu sonho no dia seguinte e disse a ele que achava que o avião era húngaro.

Aparentemente, nada aconteceu e Bart começou a zombar de mim.

— Quanta bobagem! Você inventou tudo!

— Ouça. Estou realmente aliviado pelo sonho não ter-se tornado realidade. Imagine como eu me senti naquele vôo, sabendo que só teria mais alguns segundos de vida!

Naquela mesma noite, quando cheguei em casa, resolvi relaxar alguns minutos antes de começar a fazer o jantar. Liguei a TV e repassei as notícias do dia no teletexto. Meu coração quase parou quando ouvi a notícia: "Avião russo cai na Sibéria."

O acidente, na verdade, havia acontecido algumas semanas antes, mas, devido às restrições da censura na Rússia, estava sendo divulgado apenas naquele momento.

A caixa preta do avião foi recuperada e por meio dela descobriu-se que o piloto havia passado o comando para o filho de apenas doze anos, enquanto ia ao banheiro. A descrição do súbito mergulho coincidia com o que havia testemunhado. Tive uma sensação de horror ao relembrar o sonho e tentei imaginar o luto e a profunda tristeza das famílias das vítimas.

O que eu posso fazer?, solucei, olhando para o teto, esperando alguma inspiração.

Já que não posso evitar esses acontecimentos, não quero mais vê-los, acrescentei, sentindo-me culpado e totalmente frustrado.

— Isto é algo que eu devo resolver sozinho — disse eu no dia seguinte, em resposta às perguntas de Bart. — Além do mais, por que você está interessado? Você não acredita no que eu digo!

Bart encolheu os ombros e continuou a trabalhar em silêncio. Se eu não conseguia explicar, como é que ele poderia?

Nove

O tempo e as pessoas estavam mudando, especialmente na firma. Mary foi transferida para outro armazém da mesma companhia e Bart finalmente conseguira encontrar outro emprego, mais próximo da vila onde morava. Bart e eu concordamos em manter contato e combinamos tomar uma bebida para comemorar as boas novas. Durante a celebração, provavelmente devido ao álcool consumido, Bart contou-me que ele e Naomi, sua namorada, estavam muito apaixonados. Estavam tentando conseguir uma casa, mas em vão. Eles compareceram a uma reunião do conselho de moradias, mas foram informados de que teriam que esperar pelo menos um ano.

Olhei para o rosto resignado à minha frente e lembrei do estranho episódio com o rádio, quando Bart e eu começamos a trabalhar juntos.

— Ouça, Bart, você não precisa esperar um ano. Eu posso ajudar, se você quiser!

Ele riu.

— Como você pode me ajudar? A lista de espera é de, no mínimo, doze meses!

— Bem...! — disse eu, sorrindo confiante. — Lembra-se do que aconteceu com o rádio aquele dia?

— Lembro, mas decerto...!

— "Mas" coisa nenhuma! Se você quiser que eu ajude, é só pedir!

— Está bem. Estou pedindo. Ficarei muitíssimo agradecido se você puder apressar o processo um bocadinho!

— Tente ser mais positivo. Você terá notícias sobre sua nova casa dentro de um mês!

— Veremos! — disse ele.

Chegando em casa, fiz café e fiquei pensando no que havia dito a Bart. Sim, pensei, a minha influência sobre o rádio tinha de fato acontecido, mas agora era algo completamente diferente. Como "eu" poderia influenciar um comitê de moradias com uma lista de espera de doze meses? A única idéia que me ocorreu foi a de uma projeção meditacional. Eu havia lido que a projeção poderia, em alguns casos, apressar um processo de materialização, mas certamente doze meses seria pedir muito. Dessa vez, eu tinha dado um passo maior que a perna. Que diabo, pensei; certamente Bart não me levou a sério. De qualquer maneira, se ele me ligar daqui a alguns dias para perguntar sobre a casa, posso dizer que foi tudo uma brincadeira induzida pelo álcool!

Na semana que se seguiu àquela celebração, Jennifer teve que trabalhar até mais tarde uma noite, o que me deu oportunidade de fazer a projeção para Bart.

Depois de me certificar de que não seria perturbado, deitei na cama confortavelmente após ligar o toca-fitas com um cassete de meditação profunda.

Meia hora depois a fita terminou, mas a figura de Bart e Naomi, ambos sorridentes e recebendo a notificação sobre a tão almejada casa, ainda permanecia. Bem, pensei, fiz o que foi possível; ou acontece ou não acontece.

Quase duas semanas depois, o milagre aconteceu. Bart recebeu uma carta da agência de moradias e eles já estavam se preparando para mudar para a nova casa. É claro que os dois estavam estupefatos, especialmente Naomi, que já sabia do episódio do rádio.

Eu me sentia eufórico. Havia conseguido algo que parecia um milagre e, ao mesmo tempo, contribuído para a felicidade dos meus amigos.

* * *

Nas semanas seguintes eu queria ficar sozinho, sem ver ninguém a não ser, é claro, a minha querida Jennifer. Eu sentia necessidade de analisar os acontecimentos recentes. Várias vezes, levei Jennifer ao desespero com meu constante questionamento.

Ela tentava me animar, enquanto eu lembrava de outras ocasiões nas quais conseguira influenciar pessoas e fatos. O destino havia determinado que eu não demoraria a testar a minha nova capacidade.

Eu me havia oferecido para ajudar Bart e Naomi a pintar a casa por dentro. Depois de uma manhã inteira pintando, Bart nos levou à casa da irmã de Naomi para almoçar. Findas as apresentações e uma refeição agradável, resolvi sentar no quintal para apreciar o pôr-do-sol. Julie, a irmã de Naomi, me acompanhou.

— Ouça! — disse ela meio sem jeito. — Espero que você não me leve a mal, mas tenho ouvido algumas histórias a seu respeito!

— Que tipo de histórias? — perguntei, sabendo muito bem do que ela estava falando.

— Você sabe o que eu quero dizer: aquilo sobre a casa de Bart e Naomi!

— Sei, continue. Não precisa ficar embaraçada!

Julie descreveu um acidente que tinha sofrido no trabalho, um ano antes. Um objeto pesado caiu da escada e bateu no ombro dela, deixando-a com muitas dores. Depois de várias consultas no hospital, os médicos decidiram que ela deveria ser operada para pôr no lugar um osso deslocado.

— Tenho que tomar analgésicos todos os dias, a operação foi cancelada por falta de vagas e acabei de receber uma carta avisando que a cirurgia só poderá ser feita daqui a alguns meses. Por favor, se houver alguma coisa que você possa fazer por mim, ficarei eternamente grata!

Olhei para a jovem lacrimosa e, sem um momento de hesitação, eu disse:

— Você vai receber notícias sobre a operação, dentro de quinze dias. Tente não se preocupar; apenas confie em mim!

Julie me abraçou e agradeceu, acrescentando que me ligaria assim que tivesse alguma notícia.

À noite, em casa, expliquei a Jennifer o que tinha acontecido. Ela me censurou, principalmente devido ao envolvimento emocional no caso. Todavia, depois do jantar, pedi a ela que não me perturbasse por uns trinta minutos. Fiz a mesma meditação, incorporando o novo conjunto de circunstâncias.

A emoção daquela meditação, juntamente com a projeção da imagem de Julie entrando no hospital para fazer a cirurgia, ainda estavam na minha mente, quando, alguns dias depois, Bart me telefonou para dizer que Julie havia recebido a notificação do hospital e seria internada em breve. Emocionado, contei a novidade a Jennifer, que ficou atônita, enquanto se dava conta de que todas aquelas estranhas ocorrências não eram, de maneira alguma, fruto do acaso.

Algumas semanas depois da operação de Julie, comecei a pensar seriamente sobre os fatos incomuns e quase sobrenaturais que haviam ocorrido na minha vida depois que nos mudamos para a Holanda. A lista de "coincidências" e descobertas era como em um conto de fadas de um livro infantil, ainda mais levando em conta a minha firme decisão de descartar a obsessão com tudo o que fosse espiritual ou paranormal.

Compreender a minha situação foi um choque. Eu não tinha nenhum controle ou escolha. Já havia tentado evitar todo e qualquer contato com questões de natureza espiritual e falhara. A única pergunta que restava era: o que viria em seguida?

O ano passou muito depressa, pensei, folheando um jornal, em agosto. Olhava distraidamente as notícias, quando um anúncio interessante chamou a minha atenção.

Uma escola de desenvolvimento espiritual estava promovendo um novo curso para o mês de setembro de 1994: "*Magnetiseren* ao alcance de todos!"

Meu interesse aumentou quando li a explicação que se seguia: "O curso inclui, entre outras matérias, *Magnetiseren*, Auras, Telepatia e Exercícios de Meditação."

Era exatamente isso que eu estava procurando! Uma oportunidade para aprender e desenvolver novas habilidades e, quem sabe, até mesmo encontrar alguma explicação para o fato de eu haver sido escolhido para receber esses dons extraordinários.

Decorei o número do telefone da escola. O que eu tenho a perder?, pensei enquanto discava. Depois de uma curta mas interessante conversa com o professor, dei o meu nome e endereço para que ele enviasse os formulários para a matrícula.

— Parece que o curso foi feito sob medida para você! — disse Jennifer, depois de ouvir a minha descrição, um tanto exagerada, dos méritos do curso.

— Bem, quem sabe? — comecei. — Talvez eu possa obter algumas respostas para minha lista cada vez maior de perguntas sobre desenvolvimento espiritual. Afinal, eles devem saber do que estão falando, eles são especialistas!

Na primeira noite de aula, enquanto eu pedalava até à escola, pensava em como tudo era estranho. Eu havia esquecido a regressão e os meses de frustrações e tormento que a ela se seguiram, devido à cadeia de acontecimentos. Comecei a imaginar se haveria alguma ligação entre a minha primeira sessão de hipnose e a seqüência de eventos. Não, tentei me convencer, não deve haver qualquer ligação. É muita coincidência.

Finalmente cheguei e procurei o número de uma casa de fazenda, grande e com aparência rica. Parei a bicicleta do lado de fora e fui até a entrada. Uma olhada no relógio me mostrou que eu estava uns vinte minutos adiantado.

— Olá! — disse um homem de meia-idade, de aparência alegre, estendendo a mão. — Meu nome é Ian, prazer em conhecê-lo!

Apresentei-me e, quando estava me sentando, o resto do grupo chegou. Depois que todos se serviram de café e tomaram os seus lugares, Ian se apresentou e começou a delinear os objetivos do curso. Finalmente, anunciou que cada um de nós deveria se apresentar ao grupo, falando um pouco sobre a sua vida e explicando a razão principal para procurar aquele curso.

Entrei em pânico, imaginando como poderia expor as razões que me levaram àquela busca. Finalmente, cheguei à conclusão de que a verdade é sempre a melhor política. Depois de ouvir os dois primeiros colegas, foi a minha vez. Quatro nervosos minutos depois, terminei a minha apresentação e retomei o meu lugar, aliviado por ter sobrevivido à provação.

A aula transcorreu sem mais incidentes. No fim, houve uma discussão geral sobre os vários, e algumas vezes inacreditáveis, mundos espirituais. Eu havia vestido o meu casaco e estava pronto para sair, quando Ian me chamou de lado.

— Ouça, Martin, a nossa escola estará numa exposição de cunho espiritual que acontecerá na semana que vem. Eu acho que você vai gostar da experiência. Você pode passar o dia lá e aconselhar o público, se quiser!

Fiquei lisonjeado com a generosa proposta de Ian; afinal de contas, havíamos nos conhecido há algumas horas apenas. Aceitei o oferecimento com gratidão e Ian me entregou um panfleto com o endereço da exposição.

— Encontro você do lado de fora do prédio, às onze horas da manhã, no sábado! — disse ele.

Despedi-me do resto do grupo, que ainda estava conversando.

Eu tinha tido muita sorte. Novamente a "coincidência" abrira um novo caminho para mim. Contei os acontecimentos da noite a Jennifer, assim que cheguei em casa. A reação dela pegou-me de surpresa.

— Por que você não se estabelece por conta própria? — perguntou, seriamente.

— Nunca pensei nisso! — respondi.

— Bem, continuou, se eu tivesse os seus talentos e a sua capacidade, certamente já teria me estabelecido!

— Ainda tenho muito o que aprender e, além disso, no sábado terei oportunidade de uma experiência em primeira mão.

— O que eu quis dizer foi que, se você estiver pensando em se estabelecer por sua conta, não precisa se preocupar com problemas financeiros. Eu farei o possível para sustentá-lo!

Abracei-a e agradeci pelo seu conselho, embora meus pensamentos estivessem fixos na exposição do próximo sábado, fosse lá o que fosse!

E finalmente o sábado chegou. Quase me choquei com Ian na entrada do centro de exposições. Ele levava algumas peças da parafernália necessária para a barraca da escola. Depois de duas viagens até o carro de Ian, a barraca estava quase pronta. Enquanto isso, o diretor chegou e apresentou-se como Mark.

O dia começou com o habitual café e um planejamento das atividades. Nesse meio-tempo, o salão já estava quase cheio. Eu observei a multidão formando filas para ler a mão, desenhar a aura, tirar a sorte no tarô. Para tudo havia filas! Havia uma infinidade de matérias diferentes a serem consultadas e muitas barracas que ofereciam, entre outros objetos, cristais, pedras, broches, fitas de meditação e cursos por correspondência, tudo dentro do mesmo tema: "Espiritualidade."

O resto do dia foi um desastre, pois poucas pessoas se interessaram pela nossa barraca. No fim da tarde, Tom, que era o terceiro membro da equipe da escola, me disse:

— Espero que não se ofenda com o que vou dizer, mas não consigo me conter mais!

Essa afirmação foi uma surpresa para mim, pois Tom quase não falara durante o dia todo.

— O que é? — perguntei.

— Se eu estiver errado, me diga, mas em geral eu não erro nestas questões!

Então ele relatou, de forma muito precisa, a história da minha vida, desde a infância até aquele momento.

— Estou certo até agora? — perguntou.

— Está absolutamente certo! — disse eu, vacilando um pouco.

Ele continuou descrevendo os vários guias espirituais que me acompanhavam ao longo da vida.

— Você sabe que é clarividente, não sabe?

— Acho que sim!

— Você acha que sim! Você deve ter usado esse dom em várias ocasiões. Está tudo escrito em você!

Tom fez uma pausa e continuou:

— Embora você não esteja consciente disso no atual estágio do seu desenvolvimento, você tem o dom inato da mediunidade, além de muitos outros dons espirituais, os quais, quando for oportuno, serão revelados por si mesmos!

Ele terminou as espantosas mas acuradas revelações, dizendo que eu deveria confiar totalmente na minha intuição, pois a "coincidência" tomaria conta do resto!

— Ele é bom, não é? — perguntou Ian quando voltávamos para casa.

— Ele sempre acerta?

— Bem, digamos que sim. Conheço Tom há três anos e todas as suas previsões se confirmaram com o tempo!

Ian deixou-me na porta de casa. Agradeci pela experiência e disse que nos veríamos na próxima quarta-feira à noite, para a segunda aula.

Quando contei a Jennifer sobre as revelações de Tom, ela apenas sorriu e encolheu os ombros. Bem, pensei, ainda bem que posso contar com Jennifer para me trazer de volta à realidade. Se não fosse por ela, eu provavelmente já estaria fora do meu juízo perfeito.

No domingo seguinte, Jennifer e eu estávamos aproveitando para dormir até mais tarde, quando, às onze horas, o telefone tocou. Desci correndo para atender.

— Alô! — disse uma voz masculina desconhecida.

Era um conhecido de Naomi, a namorada de Bart. Ele explicou que era um instrutor de meditação espiritual e Naomi era sua aluna. Ela havia contado a ele sobre as minhas habilidades excepcionais.

— Estou nessa linha de aprendizado espiritual há cinco anos e jamais havia encontrado alguém com os seus dons! — continuou ele. — Você se importa se eu lhe fizer uma visita?

— Não, é claro que não! — disse eu, sentindo-me envaidecido com a atenção de um instrutor espiritual tão avançado.

Combinamos um encontro para a noite da terça-feira seguinte.

* * *

O encontro foi estranho. Depois de relatarmos brevemente as nossas respectivas histórias, Willem confessou ter um pequeno problema, que acreditava que eu poderia resolver.

— O que é? — perguntei, intrigado.

— Bem, resumindo, encontrei a pessoa ideal e estou apaixonado. Infelizmente, ela mora do outro lado da Holanda!

— E qual é o problema?

— Depois de mais de um ano de relacionamento à distância, resolvi vender a minha casa para mudar para perto dela, e é exatamente esse o problema. Minha casa está à venda já há algum tempo e ainda não consegui um comprador. Será que você pode me ajudar?

Eu estava completamente desconcertado! Ali estava um completo estranho pedindo minha ajuda. Depois de me recompor, prometi meditar por ele e disse-lhe que teria as novidades esperadas dentro de um mês.

Willem agradeceu efusivamente e, quando saía, insistiu para que eu aceitasse algum dinheiro pelos meus esforços. Tentei recusar, mas ele teimosamente colocou algumas notas dentro de um dos nossos potes, acrescentando que me ligaria assim que tivesse alguma notícia positiva.

— Parece que eu estava certa —, disse Jennifer. — Você está começando a se estabelecer, afinal!

— Nada disso! — disse eu inocentemente. — Ademais, eu não tive escolha. E, de qualquer maneira, ele não pode esperar que eu venda a casa no lugar dele. Não sou corretor de imóveis!

Apesar da minha desconfiança inicial, fiz a meditação por Willem na quarta-feira seguinte, quando voltei da segunda aula do curso de *Magnetiseren*. O tema do curso era, é claro, Meditação!

Mais ou menos uma semana depois, quando já havia quase esquecido de Willem, ele me ligou para dizer que sua casa seria vendida brevemente. Sua gratidão não tinha limites. Desliguei o telefone depois de desejar-lhe boa sorte, e imediatamente subi para me deitar.

Isso não pode estar acontecendo, pensei. Uma ou duas vezes, é claro que poderia acreditar em sorte ou coincidência, mas agora a situação estava fugindo do controle. Esses "milagres" certamente estariam reservados para seres altamente evoluídos espiritualmente, e não para uma pessoa comum como eu...

O curso *Magnetiseren* até então não tinha fornecido explicações satisfatórias e comecei a duvidar de que tivesse feito a escolha certa. As duas primeiras aulas degeneraram em discussões gerais do grupo, embora a terceira tivesse começado de forma promissora. Tivemos a primeira experiência de "imposição das mãos".

Depois do café e quando as conversas cessaram, Ian começou a explicar as técnicas básicas de diagnóstico, dando ênfase especial aos chakras e à sua localização no corpo. De acordo com ele, era possível sentir o fluxo de energia emanando dos chakras. Ele fez uma rápida demonstração com um dos estudantes, seguida de uma descrição razoavelmente acurada de como a pessoa se sentia.

Agora era a nossa vez. O grupo dividiu-se em cinco subgrupos de duas pessoas, cada uma sendo alternadamente o *magnetiseur* e o paciente. Eu fiquei com uma das mulheres mais caladas do grupo e, conforme as instruções de Ian, fechei os olhos e comecei a procurar os chakras.

Fiquei atônito e questionei se não estaria fantasiando. À medida que ia passando as mãos sobre os chakras, senti um tipo de calor picante e eletrificado emanando daqueles centros de energia, embora nada pudesse me preparar para o que viria a seguir.

Eu tinha começado a conferir os centros de energia da mulher pelo alto da cabeça, descendo lentamente. Quando atingi os chakras mais baixos, recebi o que parecia ser uma descarga elétrica através do meu corpo, seguida por algo que parecia com um filme violento e perturbador de uma criança sendo submetida a todo tipo de maus-tratos físicos e mentais. O choque súbito me fez abrir os olhos, na hora em que Ian indicou que os papéis deveriam ser revertidos.

No fim da sessão, Ian pediu a cada um, individualmente, que descrevesse as experiências e os sentimentos. Eu não consegui descrever o que havia visto e sentido; teria sido embaraçoso, não apenas para mim como para a minha parceira, que, conforme pude notar, estava abalada pela experiência.

No fim da aula, depois da meditação em grupo, Ian pediu que cada um de nós trouxesse a fotografia de um parente ou amigo na próxima vez. Seria uma sessão de psicometria, com a leitura psíquica da pessoa na foto.

— Não esqueça de pedir a permissão da pessoa — alertou Ian, enquanto saíamos para a noite nevoenta de outubro, todos mais ricos em experiências!

O fim de semana foi um alívio, embora as experiências da quarta-feira ainda me perseguissem. Jennifer e eu havíamos preparado um almoço especial, no estilo inglês, com batatas assadas, bife, legumes e todas as guarnições. Estávamos nos sentando quando a campainha tocou.

— Quem poderá ser? — perguntou Jennifer. — Não estou esperando ninguém!

Quando abri, fiquei surpreso ao ver a irmã de Naomi, Julie, com a mãe e o irmão.

— O que aconteceu? — perguntei a Julie, cujo rosto estava inchado e cheio de lágrimas.

Convidei-os para entrar, dei-lhes algo para beber e voltei para a mesa. Julie explicou que havia encontrado seu gato fora de casa, agonizante, sem qualquer sinal de ferimento. Eles estavam voltando do veterinário, o qual disse que o animal havia sido envenenado e a única coisa que poderia fazer seria dar um analgésico, embora as possibilidades de sobrevivência fossem mínimas.

— O que você deseja que eu faça? — perguntei, sentindo-me tocado pela emoção da situação.

— Eu sei que você tem poderes paranormais, você já demonstrou isso em outras ocasiões!

— Sim, pode ser. Mas eu não tenho experiência em curas!

— Por favor, Martin, pelo menos tente. Eu não posso suportar a perda de Jacob; eu iria sofrer muito!

Eu já havia tomado uma decisão e, terminando rapidamente de comer, disse a Jennifer que estaria de volta logo. Segui Julie e a família até o carro.

Chegamos à casa da mãe de Julie e fomos ao cômodo onde o paciente estava estendido na sua cestinha. Toda a família estava presente: pai, mãe, irmão, irmãs, até mesmo Bart e Naomi estavam lá, observando. Dei uma olhada no gato e pensei sobre como tinha me metido numa situação tão desastrosa. O pobre animal parecia estar nas últimas; os olhos viravam de um lado para outro e tinha espasmos por todo o corpo. Sentia-me um tanto claustrofóbico, com toda a família olhando com expectativa, e pedi licença para ir ao quintal respirar um pouco. O irmão de Naomi e Bart me seguiam.

— Ele não parece nada bem, não é? — disse Bart, que ia sempre direto ao assunto.

O irmão de Naomi tinha uma visão ainda mais negativa:

— Eu acho que a pobre fera tem uns 2% de probabilidades de sobreviver!

Eu não sabia exatamente por quê, mas aquela última frase teve um efeito profundo em mim.

— Bobagem. Aquela fera, como você tão gentilmente o chamou, sobreviverá, estou certo disso!

Pedi à família que me deixasse sozinho um pouco e comecei a rezar com a maior concentração possível, para que a energia de cura fluísse através dos meus braços, e imediatamente coloquei as mãos sobre o torturado animal. A resposta foi quase imediata: os olhos pararam de virar e os espasmos se tornaram mais espaçados. Depois de vinte minutos eu terminei, e o gato ficou deitado pacificamente na sua cesta.

A família me agradeceu por ter socorrido o animal e prometeu manter-me informado sobre a recuperação dele.

Contei a Jennifer o episódio e alertei que não tinha muitas esperanças com relação ao gato.

— Você fez o melhor que pôde! — disse ela.

Se isso ocorresse durante um estágio mais adiantado do curso de *Magnetiseren*, pensei, pelo menos eu teria idéia de como agir numa situação dessas. Bem, consolei-me, agora está nas mãos dos deuses!

Na segunda-feira não recebi o esperado telefonema, o que me levou a crer que o gato tinha morrido, afinal, e que devido ao pesar da família eles haviam se esquecido de me ligar. Na noite de terça-feira, quando eu já havia perdido as esperanças, Julie telefonou cheia de alegria. O gato havia se recuperado e estava brincando como se nada tivesse acontecido. Ela agradeceu a ajuda e prometeu pagar o favor algum dia.

Um tremendo sentimento de alívio e espanto me envolveu. Eu provei a mim mesmo, a despeito das dúvidas, que milagres acontecem, dadas as circunstâncias corretas e um pouco mais de autoconfiança. Oh, homens de pouca fé!, pensei, cheio de satisfação.

Na quarta-feira, a lição de Psicometria começou de forma pouco animadora. O grupo trocou as fotos e, seguindo as instruções de Ian, cada um segurou uma foto nas mãos; fechamos os olhos e tentamos isolar as impressões recebidas.

Três pessoas do grupo já haviam demonstrado suas impressões, com graus variados de exatidão. Agora, era a minha vez.

Eu não consegui ver ou sentir nada, até que, desapontado, abri os olhos e olhei para a estranha que me encarava na fotografia. Imediatamente uma aura apareceu em volta do corpo dela e as impressões começaram a fluir na minha mente.

Descrevi com detalhes os quadros que via, apesar do conteúdo obviamente emocional. Eu via e sentia a dor sentida por aquela mulher durante o parto, e acrescentei que ela tinha problemas com os órgãos reprodutivos.

A classe estava em completo silêncio.

Ian pediu-me a fotografia e, depois de estudá-la cuidadosamente, anunciou que encontrara apenas um pequeno problema emocional, localizado na região da garganta. A moça que havia trazido a foto não pôde confirmar nenhuma das declarações. A fotografia era de uma cética colega sua e ela prometeu verificar as informações e informar-nos na próxima sessão.

Na semana seguinte, eu já havia quase esquecido o incidente quando, ao chegar à fazenda de Ian, a moça veio correndo na minha direção.

— Martin! Martin! — disse ela sem fôlego. — Tudo o que você disse era verdade. A minha colega gostaria de se encontrar com você para uma consulta, tudo bem?

Eu recusei delicadamente, explicando que não me sentia pronto para isso. A colega da garota sempre fora cética quanto a esses assuntos, principalmente depois de ter consultado alguns desses falsos médiuns. Isto é, até que soube o que eu havia dito. A moça contou ao grupo o meu sucesso e Ian me cumprimentou.

Eu me sentia meio sem jeito. Afinal de contas, Ian é que era o mestre e não eu, e a última coisa que eu desejava era uma competição entre nós.

No fim da aula, Ian me chamou e convidou-me para ir à sua casa no dia seguinte. Ele disse que outros membros da equipe da escola estariam presentes e eu poderia aproveitar uma massagem *Magnetiseren* "quatro-em-um". Aceitei o convite, imaginando se Tom teria mais alguma informação psíquica a meu respeito.

Na tarde seguinte, Tom, Ian e eu entramos na sala de tratamento, cujas paredes estavam forradas com todo tipo de livros e quadros espirituais.

— Antes de começarmos — disse Ian —, dê uma olhada nesta fotografia, Martin, e conte-nos o que vê!

Ian trouxe-me aqui para me exibir na frente de Tom, pensei. Bem, vamos lá. Olhei para a foto de uma jovem atraente, de cabelos castanhos, até que uma leve aura colorida começou a aparecer.

— Esta pessoa é muito ligada a você, Ian — comecei, hesitante. — Tenho a nítida impressão de que, embora ela tenha nascido na Holanda, ela não vive mais aqui. Ela está muito deprimida por causa de um relacionamento!

Parei para respirar, e completei com mais alguns pormenores. Depois que terminei, Ian e Tom se entreolharam admirados.

— O que há? Disse alguma coisa errada?

— Não, nada! — começou Ian. — Você acaba de descrever minuciosamente a vida da minha filha!

— Não pode ser! — gaguejei, totalmente confuso. — Eu apenas disse o que veio à minha mente, nada mais!

— Bem, eu sabia que estava certo a seu respeito! — disse Tom, com um largo sorriso.

A noite terminou para mim com uma massagem *Magnetiseren* e milhares de outras perguntas.

Dez

Uma coisa que eu havia aprendido sobre a Holanda, desde que morava ali, era que as pessoas adoravam fofoca. A central de "boatos" holandesa parecia ser mais intrincada e eficiente que os canais de informação usuais. Assim, logo comecei a receber muitos telefonemas de pessoas que "tinham ouvido falar" de mim.

A previsão de Jennifer estava se realizando, devagar mas constantemente, e acabei recebendo pessoas de todos os tipos, principalmente à noite. A conversa versava, invariavelmente, sobre os "problemas" que as pessoas tinham e esperavam que eu resolvesse. Eu fazia o possível e as despachava.

Depois de alguns dias, eu em geral recebia o telefonema de alguém animado e cheio de agradecimentos e elogios pelo que eu tinha realizado. No fim, eu já estava desejando que pelo menos um dos problemas não fosse solucionado dentro do prazo anunciado.

O meu desejo foi satisfeito. Finalmente, falhei. Eu me sentia exausto mas muito aliviado, pois o pesado fardo da responsabilidade parecia ter sido tirado dos meus ombros.

Decidi parar de usar aquele dom. Nessa época, ganhei um baralho de tarô e, apenas como experiência, comecei a ler a sorte, primeiro para os amigos e depois para outras pessoas, que continuavam a me visitar à noite. Todavia, esse período de intensas leituras começou a pesar, porque as sessões eram tão bem-sucedidas que algumas vezes duravam mais de três horas.

Depois de um merecido descanso durante as festas de Natal de 1994, decidi limitar as leituras a uma ou duas por mês, numa tentativa de evitar o desgaste físico e mental.

O alívio foi grande. Eu sentia que aquele período da minha vida, tenso e agitado, havia terminado; mas sabia que ainda teria outras surpresas. Mas não já!, pensei. Tenho que voltar a pôr os pés no chão e retomar a normalidade.

Mas a intenção de voltar ao normal seria abalada.

Os primeiros dias de 1995 transcorriam normalmente; então recebi um telefonema de Julie. Ela havia-se apaixonado por um antigo namorado e planejava se casar.

— Parabéns. Estou muito feliz por você. Quando é o casamento? — disse eu entusiasmado.

— Esse é o problema! — começou ela, disparando um alarme na minha cabeça. — Vamos viver juntos primeiro, para ver se somos compatíveis!

— E o que há de errado nisso?

— Bem, Harry, meu namorado, está tentando vender a casa dele desde outubro, sem sucesso, e eu pensei que você poderia nos ajudar!

Levei um choque. Pela segunda vez na minha vida eu tentava me afastar do mundo paranormal e mais uma vez o destino intervinha.

Tentei dissuadir Julie da idéia, relatando meus fracassos recentes, mas foi em vão. Finalmente, concordei em receber os dois na noite seguinte. Aparentemente, Julie levara quase três semanas para convencer o descrente Harry a me procurar.

Na hora marcada, quando o café com biscoitos à moda holandesa estava pronto, a campainha tocou.

Jennifer foi atender e recebeu os convidados, enquanto eu escolhia um CD de música *New Age*, adequado à ocasião.

No fim das contas, tudo correu satisfatoriamente. Eu estava agradavelmente surpreso com a atitude amistosa e aberta de Harry, que eu havia imaginado ser uma pessoa cética. Isso prova, mais uma vez, que não devemos fazer julgamentos preconcebidos, em nenhuma circunstância.

Durante a visita, tomei uma decisão: faria o possível para ajudar Harry a vender a casa. Depois de explicar o meu método de meditação, pedi que ele mantivesse uma atitude aberta quanto ao assunto e fixei um prazo de um mês para obter resultados. Acrescentei, ainda, que, caso a solução fosse favorável, os primeiros sinais surgiriam dentro de uma ou duas semanas.

Ao sair, Julie e Harry me embaraçaram com um presente, em pagamento pelo meu tempo e esforço. Agradeci e os levei até à porta. Julie prometeu entrar em contato caso houvesse alguma novidade.

Jennifer já estava arrumando a sala e recusou a minha ajuda.

— É melhor você começar a sua meditação, antes que esqueça! — brincou, sabendo que eu não me sentia bem por ser conduzido novamente para o desgastante mundo dos "milagres".

Subi a antiga escada espiral desanimado, e fui para a sala de leitura. Escolhi uma fita para meditação e acendi um incenso, preparando-me para meia hora de profunda e tranqüila contemplação.

A idéia de tentar ser bem-sucedido, quando os corretores de imóveis haviam falhado, pesava na minha mente. De acordo com Harry, só surgira um interessado, em quatro meses. O corretor disse que o preço pedido era muito elevado, mas Harry não podia abaixá-lo, pois perderia dinheiro no negócio.

— E como foi? — perguntou Jennifer, enquanto se preparava para dormir.

— Temos que esperar para ver! — respondi, sem muita convicção. Afinal, já se haviam passado alguns meses desde a minha última tentativa, a qual havia sido um fracasso.

Três dias depois, numa quarta-feira à tarde, fui visitar uma loja de artes e artesanato em Hoorn. Eu queria comprar telas e tintas e canalizar a minha criatividade para a pintura, que era um dos meus passatempos favoritos. Comprei o material necessário e voltei para casa. Minha cabeça estava cheia de paisagens estranhas e maravilhosas e eu me preparei para passar uma tarde agradável.

Já estava quase chegando em casa, quando ouvi alguém me chamando. Eram Harry e Julie, que vinham ao meu encontro. O que eles estão fazendo em Hoorn?, pensei, lembrando que eles viviam numa vila um pouco distante. Harry me abraçou com força, gritando:

— Brilhante, brilhante! — para surpresa dos passantes.

— O que aconteceu? — consegui perguntar, enquanto Harry segurava a minha mão e a sacudia.

— Ouça! — começou ele, eufórico. — Eu não sei o que você fez, mas seja lá o que for, deu resultado!

Então ele explicou que, desde que estiveram me visitando, cinco pessoas, "caídas do céu", queriam comprar a casa, pelo preço estabelecido. Depois de rápidas negociações com o corretor de imóveis de Hoorn, assinaram o contrato naquele dia.

— É um milagre! — disse ele entusiasmado, e jurou que jamais duvidaria novamente dos meus poderes.

Despedi-me dos dois e eles prometeram mandar o convite para o casamento.

Cheguei em casa em estado de choque e passei o resto da tarde em um transe semiconsciente, tentando entender o que havia acontecido e procurando manter um pé firme na realidade.

Nos meses seguintes, com a ajuda de muitas preces e meditações, a minha vida começou a retornar ao que eu considerava normal. As consultas noturnas acabaram aos poucos, permitindo uma pausa nos assuntos espirituais e oferecendo o tempo e o espaço necessários para eu ponderar sobre o meu futuro.

Durante todo esse turbulento período de descobrimento, minha amiga Mary decidiu aprofundar sua educação. Nós nos víamos mais ou menos uma vez por mês, visitando-nos mutuamente, quando as circunstâncias permitiam.

Numa dessas visitas, depois de uma conversa interessante, fui preparar uma bebida para nós e Mary ficou conferindo as informações sobre concertos na TV. Enquanto ela passava por alguns canais europeus, ouvi um som que me causou arrepios.

Ela soube, intuitivamente, que havia algo. Pedi que voltasse dois ou três canais. Ela o fez, e lá estava! Mais uma vez, documentários e noticiários sobre a Segunda Grande Guerra, mostrando tripulações do Comando de Bombardeiros preparando-se para ataques aéreos noturnos sobre a Alemanha.

Fiquei ouvindo o ronco dos bombardeiros enquanto decolavam, com a mente repleta daqueles quadros insistentes que eu havia visto na terapia de regressão e que me enchiam de emoções incontroláveis e desconhecidas.

Depois de uma conversa acalorada, Mary perguntou se eu iria com ela à biblioteca local.

— O ar fresco lhe fará bem! — disse ela, enquanto passávamos pelo porto.

Chegando à biblioteca, ela começou a procurar na seção de revistas. Essa era uma seção que eu havia ignorado quando procurei livros sobre o Comando de Bombardeiros da RAF, logo depois da regressão. De qualquer forma, pensei enquanto esperava por Mary, aqui só há revistas e jornais.

Mary achou o que procurava, e já estávamos de saída quando vi uma revista para colecionadores chamada *Mini-special about the Second World War and its collectable items.* Pedi a Mary que me esperasse um momento, enquanto eu folheava a revista.

O artigo era escrito por um holandês do sul do país. Ele era colecionador de informações sobre aviões, de todos os tipos e nacionalidades, que haviam sido abatidos na área que compreendia a Holanda, a Bélgica e a Alemanha. Seu nome e endereço estavam no fim do artigo. Perguntei a Mary o que ela achava da idéia de eu escrever para ele. Ela disse que não teria nada a perder, e eu anotei o nome e o endereço. Despedi-me dela e fui correndo para casa escrever a carta. Em algum lugar da minha mente, todavia, eu sabia que o avião que havia visto na regressão não fora abatido no sul da Holanda, e sim, com certeza, em algum lugar ao norte.

Dentro de seis dias, recebi uma carta decepcionante, na qual meu correspondente informava que as informações que eu tinha fornecido eram insuficientes e que, embora ele tivesse procurado no seu computador, não conseguira encontrar nada sobre Richard Seymour. Acrescentou que havia enviado uma cópia da minha carta a um dos seus colegas, que pesquisava e colecionava informações sobre as perdas da RAF na Holanda. Bem, pensei, quem não arrisca, não petisca! Acho que o assunto morre aqui.

Nas semanas seguintes, evitei assistir à televisão. As comemorações dos cinqüenta anos do fim da guerra na Europa eram o assunto de filmes e documentários em quase todas os canais europeus.

Eu tinha dificuldade para lidar com os estranhos sentimentos associados às imagens, e decidi ignorar totalmente a TV. Eu estava até questionando os motivos que haviam me levado a escrever ao colecionador. Por quê?, pensei. Por que me dei a esse trabalho, sabendo muito bem que a reencarnação, para mim, é um fato, um fato profundamente ancorado e arraigado, reforçado pelas memórias revividas durante a hipnose? A única razão possível para esse súbito e urgente desejo de encontrar evidências fatuais sobre Richard Seymour e a forma pela qual ele havia morrido, era que eu sentia estar sendo manipulado, de forma estranha, para obter provas científicas de que a reencarnação existe.

Por que eu?, pensei, em várias ocasiões. Certamente, eu não precisava dessa prova final e inequívoca. Afinal, eu tinha tomado parte em toda sorte de descobertas e verdades espirituais durante a minha relativamente curta vida e tinha conseguido, de uma forma ou de outra, manter a minha sanidade mental.

O dia da revelação chegou umas duas semanas depois da primeira carta do colecionador. Jennifer e eu estávamos desfrutando de nossa primeira xícara de café numa manhã de sábado. Eu estava sentado na poltrona quando ela desceu para pegar a correspondência.

— Aqui está uma para você! — disse ela, subindo as escadas. — Você conhece alguém do sul da Holanda?

Mais uma decepção, pensei, achando que seria uma carta do colega do colecionador. Mas nada no mundo poderia me preparar para o que aconteceu.

Abri a carta e lá estava: um relatório de acidente da Segunda Grande Guerra. Ele confirmava tudo o que eu havia visto sob hipnose: o dia e a hora do acidente, a área ao norte da Holanda, a idade de Richard Seymour e o fato de que ele era operador de rádio. O relatório confirmava até mesmo que ele constava como desaparecido, o que coincidia com a informação que eu relembrava daquela última e fatal missão.

E por fim, no canto superior direito do relatório, havia uma fotocópia do seu epitáfio, que confirmava o fato de o pai dele ser vigário.

Olhei para o relatório na minha mão, pensando se todo esse enigma não seria apenas um sonho, ao mesmo tempo que listava as coincidências que finalmente me levaram àquele momento, quase sagrado, de revelação espiritual.

Pela primeira, e talvez pela última vez na minha vida, a minha mente parecia explodir numa miríade de estrelas brilhantes e coloridas, cada uma contendo os segredos do universo, que eram tão simples que a sua estrutura desafiava toda a lógica.

Olhei para a eternidade, para a própria criação do tempo, e o nosso pequeno universo empalidecia quando comparado com universos maiores e bem mais complexos, os quais, embora invisíveis ao olho humano, corriam paralelamente ao nosso.

Quase todos os maravilhosos planetas, com exceção de um ou dois, eram habitados por seres espirituais, os quais, aparentemente, tinham o dom de penetrar pelos véus do tempo que separavam os nossos diferentes mundos, para se materializarem na Terra. Sua tarefa era compartilhar informações sobre nosso próprio desenvolvimento aqui.

Os meus momentos de iluminação espiritual se completaram quando, aos poucos, surgiu a compreensão de que todas essas informações, inclusive a da própria criação, estão armazenadas em cada um de nós. Elas estão aguardando aquele momento especial do nosso desenvolvimento, quando poderemos abrir a nossa consciência humana para aceitar e finalmente entender a razão de nossa própria existência: o Amor... Não um amor físico, terreno, mas o amor e a compreensão espirituais que transcendem a nossa compreensão humana. Um amor que envolve todas as coisas e todos os seres jamais criados, desde o início dos tempos até a eternidade sem fim.

Finalmente, estendi o relatório sobre o desastre para Jennifer, em completo silêncio, enquanto contemplava o amor, o desvelo e a atenção que devem ter guiado a minha jornada espiritual na Terra até aquele momento. Desejei poder um dia retribuir aquela confiança divina, depositada em mim...

No período que se seguiu àquela prova, vivi nas nuvens, principalmente depois de receber uma confirmação tão convincente. A única pergunta que eu me fazia era: o que viria em seguida?

Depois de ponderar cuidadosamente, resolvi entrar em contato com um pesquisador independente na Inglaterra, para descobrir mais sobre Richard Seymour. A tarefa foi facilitada pelas informações do relatório do acidente, com o número de serviço de Richard e o número do seu esquadrão. O veterano da RAF, cujo endereço me foi fornecido pelo

Public Record Office, concordou em procurar nos registros o máximo possível de informações relativas ao serviço de Richard na RAF. Ele me aconselhou também a escrever para o *Air History Branch*, do Ministério da Defesa. Duas semanas depois, recebi outras provas de que estava no caminho certo.

Abri ansiosamente o envelope do *Air History Branch* e comecei a ler sobre o esquadrão de Richard. Relanceando pela carta, meus olhos foram atraídos para a segunda página, onde havia a fotografia de um bombardeiro Halifax, com a inscrição "Sexta-feira 13". Aquele avião havia sido batizado com a data em que foi entregue ao esquadrão. A familiar sensação de *déjà vu* começou a envolver todo o meu ser, enquanto a minha mente tentava em vão reconciliar-se com mais uma coincidência: Martin Heald, nascido numa sexta-feira 13, em 1962.

De que outras provas você necessita?, perguntou a minha intuição, despedaçando os últimos vestígios de ceticismo que eu ainda tinha quanto à reencarnação.

Alguns meses depois, quando a minha euforia diminuiu um pouco, tomei a decisão de tornar pública a informação. Meus amigos estavam entusiasmados, e Jennifer, é claro, deu o seu apoio incondicional. Por fim, achei que a melhor maneira de levar a minha história ao maior número possível de pessoas seria escrevendo um livro a respeito, embora fosse mais fácil falar do que fazer.

Eu jamais havia escrito nada além dos trabalhos escolares, e não sabia nem como começar. Sim, a minha vida até ali justificava escrever um livro, mas ainda faltava algo.

Desde aquele dia em que eu quase me afogara, há tantos anos, eu vinha tendo lembranças ocasionais. A lembrança daquela "sala de espera", juntamente com a inesquecível sensação de paz e amor, sempre me perseguiu e, muitas vezes, eu desejei voltar para lá. À medida que eu ficava mais velho, as lembranças pareciam crescer em intensidade. O período mais ativo foi durante minha fase escolar, principalmente quando estudava matérias científicas. O professor começava a expor alguma lei da física e apresentava evidências científicas para prová-la. A minha frustração era imensa. Eu não podia refutar aquelas teorias, embora soubesse, no íntimo, que elas não representavam a verdade absoluta.

Seguindo a terapia de regressão, tentei fazer alguns exercícios de meditação, para recuperar essas lembranças. A sessão de hipnose terminou com a morte de Richard, no momento em que uma luz brilhante tinha chegado para transportá-lo ao seu próximo destino: o reino espiritual.

Tem que ser possível, pensei, quando a fita de meditação começou. Trinta minutos depois, fiquei deitado na cama, sentindo-me extremamente frustrado. Eu havia alcançado o mesmo nível de transe que na sessão de hipnose e tinha revivido os últimos momentos da vida de Richard, mas não conseguia ir além daquela luz. Tentei novamente, em outras ocasiões, sem conseguir ir mais adiante. Decidi que, quando chegasse a hora, eu teria acesso àquelas lembranças "ocultas".

Depois de duas semanas de meditação, eu ainda não tinha conseguido ultrapassar o véu espiritual que separava a morte de Richard do meu próprio nascimento. Depois de uma manhã de meditação particularmente decepcionante, cheguei à conclusão de que não conseguiria ter acesso aos mundos espirituais, por mais que tentasse.

Bem, esse é o fim do meu livro, pensei, enquanto olhava para o teto antes de fechar os olhos e cair num sono profundo.

Eu estava dormindo há mais ou menos uma hora, quando ouvi uma profunda voz masculina chamando-me pelo nome. Tentei abrir os olhos para ver quem era, mas as pálpebras se recusavam a abrir. No momento seguinte, senti que estava me erguendo acima do corpo físico e, num instante, achei-me do lado de fora de uma caverna, na frente de um monge tibetano.

— Olá, Martin! — disse um homem, estranhamente familiar.

— Quem é você e o que estou fazendo aqui? — perguntei.

— Meu nome é John. Sou um dos seus guias espirituais! — respondeu ele, começando a me explicar que havíamos nos encontrado centenas de vezes no passado e que ele estivera em contato comigo por inúmeras encarnações diferentes.

— Sei que você está confuso, Martin, mas volte a sua mente para algumas das assim chamadas coincidências e descobertas da sua vida!

Eu tentava fazer isso, quando John me interrompeu.

— Pense naquela ocasião em que você havia deixado um emprego e, desesperado, lembrou-se subitamente de um livro sobre meditação que havia ganho no seu 28º aniversário e resolveu tentar fazer um dos exercícios!

Um enorme sentimento de amor e compreensão passou pela minha alma ao recordar meu encontro anterior com John. Ele começou a explicar que iria "canalizar" a informação sobre o tempo perdido que eu havia passado nos reinos espirituais.

— Você só tem que relaxar completamente, antes de começar a escrever tudo o que vier à sua mente, não importa o quanto pareça estranho e irreal!

As palavras de John ecoavam no quarto, quando acordei tremendo. Nem por um momento duvidei da realidade da minha experiência e, depois de contar tudo a Jennifer, resolvi começar a escrever o livro logo no dia seguinte.

Onze

As imagens, agora familiares, da morte prematura de Richard, estavam gravadas indelevelmente na minha memória, quando comecei a reviver os acontecimentos do seu (meu) fim violento. Depois, os meus sentimentos se voltaram para a alegria da expectativa de encontrar meus amigos e companheiros das encarnações passadas.

Durante algum tempo eu parecia ter esquecido a existência do próprio planeta Terra, com todas as suas tentações e atribulações; aqui havia tanta coisa a fazer, tantas pessoas a encontrar e tanto a aprender.

Eu estava me recuperando da morte traumática há dois ou três dias, quando uma mulher muito bonita entrou no meu quarto.

— Venha, Richard, é hora de sair! — disse ela.

Fiquei ali deitado, completamente paralisado por aquela presença angelical na minha frente, numa veste acetinada de branco e azul-claro. O seu cabelo louro, quase transparente, estava cuidadosamente preso.

— Meu nome é Juliette! — apresentou-se, ajudando a me levantar. — Você ainda está se sentindo pesado?

— Estou! — respondi, olhando para os olhos dela, verdes-esmeralda e brilhantes.

— Não se preocupe, depois de uma caminhada revigorante, você se sentirá completamente energizado!

Segui Juliette por um corredor, até sairmos. A paisagem que se apresentou era deslumbrante, com exuberantes colinas verdes e montanhas até onde a vista alcançava. Fiquei parado, tentando apreender aquele panorama imponente. Não me lembrava de jamais ter visto na Terra uma paisagem tão colorida e evocativa. O céu parecia muitas vezes mais brilhante, com um número quase infinito de tons de azul e verde, integrando-se perfeitamente com as distantes montanhas de tom turquesa.

A voz de Juliette me despertou do devaneio.

— Venha, há muito mais para ver!

Enquanto caminhávamos lentamente em direção à montanha mais próxima, Juliette explicou que a sua tarefa era mostrar o local para os recém-chegados, para que se orientassem. Eu já ia fazer algumas perguntas quando vi uma cachoeira maravilhosa, descendo da montanha acima de nós e finalmente culminando num rio cristalino à nossa frente.

Fomos até à beira do rio e nos sentamos para contemplar o magnífico espetáculo. Notei uma surpreendente variedade de flores e outras plantas e aspirei o estonteante aroma. Cada folhinha de grama parecia clara e delicada, criada com um propósito único.

— O que você acha? — perguntou Juliette.

— Deve ter levado muitos anos de cuidadoso plantio para criar tanta beleza! — respondi, olhando à minha volta.

— Obrigada — disse ela sorrindo.

— O que você quer dizer com isso?

— Bem, fiquei sabendo que você sempre gostou do campo, enquanto vivia na Terra, assim, criei isto para você, enquanto se recuperava!

— Você criou isto tudo? — repliquei, completamente atônito.

— Sim, mas não se preocupe. Logo você também poderá criar as suas paisagens!

Durante a breve caminhada de volta, fiquei imerso em pensamentos. Juliette explicou que um novo curso iria começar em breve e me aconselhou a fazê-lo, pois seria bom para mim. Ela apontou para um edifício imponente, quase em frente à entrada do bloco de recuperação, dizendo que o curso seria ministrado ali.

— Você também vem? — perguntei.

Ela se desculpou e disse que iria visitar os pais. Agradeci a companhia e perguntei se a veria novamente.

— Nunca se sabe! — respondeu ela, enquanto eu entrava no bloco de recuperação.

Eu me voltei para acenar e fiquei admirado ao ver que ela já havia desaparecido. Que estranho, pensei, de volta ao meu quarto, nem mesmo um adeus. Deitei na cama sentindo-me revigorado, embora estivesse cheio de perguntas não respondidas.

Devo ter adormecido, embora não me lembre de haver sonhado, quando a voz de Juliette interrompeu o cochilo.

— Richard, está na hora de se levantar. As aulas vão começar!

Olhei em volta, na expectativa de ver Juliette, mas ela não estava ali.

— Logo você se acostumará com esse tipo de comunicação! — acrescentou, rindo.

Fui até a sala de aula e fiquei surpreso por ver outras pessoas ali, já sentadas. Tomei o meu lugar e dei uma olhada nos colegas de classe. Havia uma mistura de raças e credos, de muitas culturas e ambientes diferentes. Notei a ausência de carteiras escolares e de livros ou cadernos. As cadeiras estavam dispostas em semicírculo e não em fileiras. Bem, o que não falta aqui é inspiração, pensei, enquanto olhava pelas janelas que ficavam em três paredes, o que permitia aos alunos ter uma visão panorâmica da maravilhosa paisagem.

De repente o professor entrou na sala e se apresentou. Que figura estranha, pensei, olhando sua toga de cor violeta, presa por um cordão cor laranja brilhante. Depois de algumas palavras introdutórias, ele começou a explicar as esquecidas leis e métodos de criação. A faculdade de criar era um dom de todos os habitantes da Terra, embora o intervalo entre o pensamento e sua manifestação material fosse tão longo que a mente humana não conseguia estabelecer a ligação entre fantasia e realidade. Dessa forma, deixamos de fazer uso da mais poderosa lei natural do universo.

— Na forma espiritual em que estão agora — continuou ele — vocês podem criar tudo o que o seu coração desejar. É apenas uma questão de imaginação e prática!

Ele mal tinha pronunciado essas palavras, quando a sua toga começou a mudar de cor e, em poucos segundos, tinha passado por todas as cores imagináveis, até finalmente retornar ao violeta original.

Uma visível euforia exagerada tomou conta da classe enquanto o professor descrevia alguns exemplos terrestres daquele tipo de criação. Por exemplo, um dos nossos colegas, Haseem, havia nascido numa família indiana muito pobre e passara a infância mendigando nas ruas para ajudar a alimentar a família. Todas as noites, antes de dormir, ele sonhava em ter dinheiro suficiente para ir à escola e se educar, subir na vida e poder vestir e alimentar a família. Haseem já estava quase se resignando com sua sina quando o sonho se tornou realidade. Ele havia mendigado quase toda a manhã, em vão, quando foi abordado por um estrangeiro de ar bondoso, que, sem qualquer preâmbulo, ofereceu-lhe o cargo de faxineiro e a oportunidade de morar no emprego. É claro que Haseem aceitou a inesperada oportunidade e, dentro de poucos anos, a situação da família havia mudado completamente, embora na época Haseem não se lembrasse mais do seu devaneio.

— Não se esqueçam — acrescentou o professor —, quando vocês reencarnam na Terra, desde cedo são instruídos sobre as leis terrestres, às quais a maioria de vocês se integra, como parte do aprendizado espiritual. Mas, à medida que a alma progride, o conhecimento também aumenta, até que os reinos espirituais se tornam tão interligados que a necessidade de reencarnar passa a ser desnecessária!

O método de locomoção ali era bastante simples. Tudo o que tínhamos que fazer era visualizar uma pessoa ou um local, com bastante intensidade e, num instante, estaríamos junto da pessoa ou no local escolhido. Logo eu dominei a técnica, depois de alguns erros embaraçosos, chegando sem ser anunciado, em todo tipo de lugar e situação. Que ótima maneira de viajar, pensei, até que notei que as pessoas preferiam caminhar. Lá estava eu, locomovendo-me velozmente naquele magnífico lugar, sem parar para apreciar o cenário.

Depois de cerca de cinco anos terrestres de descanso e recuperação, fui informado de um curso que seria útil para mim na encarnação seguinte. Ninguém era obrigado a assistir às aulas, mas eu sentia que elas eram importantes e que eu deveria aprender o máximo possível. Aquilo seria muito útil, caso tivesse que voltar à Terra.

Uma aula particularmente importante foi sobre a aura humana e suas funções especiais, não apenas como mecanismo de proteção, mas como um sistema de alerta para doenças físicas ou mentais. Foi-nos permitido ter uma breve visão do futuro, quando equipamentos para fotografar a aura seriam instalados nos hospitais e consultórios médicos. Isso permitiria que as pessoas fizessem dois ou três exames completos de saúde por ano, sem o perigo da exposição aos raios X. Como resultado dessas fotografias, uma doença iminente poderia ser erradicada por médicos espirituais altamente treinados, que utilizariam técnicas de meditação e transferência da energia luminosa universal para purificar a aura do paciente, muito antes das impurezas se manifestarem no corpo.

Vimos também como a meditação poderia fortalecer o campo energético humano, caso fosse combinada com alimentação e exercícios adequados.

A faculdade de criação que o ser humano tem pertence à aura e está envolta nela. Usando determinadas meditações e uma forte visualização, o campo de energia se ativa e materializa um pensamento. Na Terra, o processo leva um certo tempo, tempo esse que varia conforme a profundidade espiritual de cada um. Para algumas pessoas mais evoluídas espiritualmente, o tempo entre o pensamento e a criação é quase instantâneo. A maioria delas retorna voluntariamente à Terra. Levando uma vida frugal e nômade, essas pessoas surgem em aldeias remotas nas montanhas no momento exato, geralmente durante épocas de extrema dificuldade, permanecendo ali tempo suficiente para transmitir seus valiosos conhecimentos. Depois, desaparecem tão repentinamente quanto chegaram. Os habitantes em breve esquecem o misterioso visitante, principalmente depois que as colheitas começam a dar frutos novamente, como o forasteiro previra. A história bíblica de Jesus transformando água em vinho e multiplicando pães e peixes, vista como fábula por muitos povos na Terra, agora assumiam um aspecto bastante concreto.

A transferência da energia universal de um ser para outro, com seu efeito terapêutico, ainda era vista como milagre, ou pelo menos como coincidência. Eu achava esse fato muito triste, pois todos nós temos o dom de curar a nós mesmos e ao próximo. Se ao menos estivéssemos receptivos para perceber essa energia universal!

As lições dadas eram ilustradas com várias situações práticas e também continham sugestões. Cada um de nós, por sua vez, sentava-se no meio do grupo, concentrando-se num acontecimento desagradável da vida anterior, até que as emoções se assemelhassem à tristeza e depressão terrestres. O restante do grupo enviava então um fluxo constante de energia terapêutica à pessoa, que a sentia invadindo seu corpo espiritual a partir de cima, e descendo lentamente, até que se sentisse totalmente carregado com energia positiva. Essa energia daria à pessoa uma compreensão imediata das razões que levaram àquele acontecimento triste. Experiências individuais e uma contínua relação entre os colegas de classe formavam a base das nossas aulas, embora para mim a parte mais interessante fosse a visita à biblioteca. Nosso professor, ainda com a sua toga violeta, disse-nos como chegar até lá, despediu-se e saiu da classe. Seguindo as instruções de Michael, concentramo-nos na sua eloqüente descrição da biblioteca e suas cercanias.

No momento seguinte, achei-me no mais belo jardim imaginável. Ali, à distância, estava algo que só poderia ser descrito como um milagre arquitetônico. A biblioteca, em si, parecia uma réplica dos edifícios que eu havia visto na escola num livro sobre mitologia grega. Cheio de expectativa e reverência, decidi caminhar até lá, pelo caminho gramado e ladeado de árvores.

Nos dois lados da trilha havia arranjos de plantas e flores exóticas, a maioria com frutinhas tão variadas que não era possível descrever. Uma brisa delicada soprava, acrescentando mais um elemento àquela experiência maravilhosa: a fragrância das flores.

Enquanto me aproximava das escadarias de mármore, via o restante do grupo observando os pormenores daquele edifício realmente maravilhoso.

— Venha, Richard. Estamos esperando por você! — disse James, navegador da RAF que morrera devido a uma falha no trem de pouso do seu avião.

— Você não pode me dar ordens aqui! — respondi sorrindo.

— Desculpe, amigão, esqueci! — sorriu divertido com a ironia da situação.

Depois de subir as escadas polidas, entramos na biblioteca. Ela estava cheia do movimento e sons que normalmente associamos a uma feira e não vi nenhum sinal de estantes e muito menos livros! Desculpei-me do resto do grupo e resolvi explorar o enorme interior daquela "biblioteca".

Após perambular por uma série de corredores e salões, sem ver qualquer sinal de livros, comecei a pensar que nosso professor tinha nos pregado uma peça. Eu ia sair, quando vi Michael vindo em minha direção.

— Ah, aí está você, Richard. Teve sorte?

— Bem, na verdade, não! — respondi um tanto embaraçado. — Não consigo achar nenhum livro!

Ele começou a rir.

— É sempre a mesma coisa com os recém-chegados!

— O que você quer dizer?

— Você não notou que quase todas as portas estão marcadas com as letras do alfabeto?

— Notei!

— Escolha qualquer assunto que lhe interesse; arqueologia, por exemplo. A única coisa que tem a fazer é entrar numa sala com a letra "A", e o resto aparecerá!

Agradeci a Michael a informação e prossegui, desta vez com mais conhecimento de causa. Resolvi entrar na primeira porta que encontrasse. Letra V, vai ser essa mesmo!, pensei, entrando numa sala circular, muito clara e quase eletricamente carregada. Estranho, não há janelas! De onde vem a luz?

Minha pergunta ficou sem resposta; sentei-me no chão, confortavelmente acolchoado, imaginando que assunto pesquisar. Viagens, é isso. Sempre me interessei por viagens. Concentrei-me em aviões, e no mesmo instante a atmosfera da sala se transformou. Alguns momentos depois eu havia revivido e observado as primeiras tentativas do homem para voar, através da história da aviação e rumo ao futuro, embora fosse difícil acreditar na maior parte do que via. Um avião de passageiros com a frente em forma de cone capaz de voar mais rápido que uma bala; uma aeronave chamada ônibus espacial, que transportava pessoas para o espaço e as trazia de volta.

Outras revelações sobre o futuro seguiam-se rapidamente: carros movidos a bateria solar, pequenas motocicletas que flutuavam acima do solo, movidas a ar comprimido, e trens que pareciam movimentar-se num trilho único, por meio de eletromagnetismo.

Depois de visitar mais uma ou duas salas, resolvi voltar para casa. Em termos terrestres, a descrição mais aproximada dessa biblioteca seria um tipo de universo de A a Z, expandindo-se continuamente em direção à eternidade, enquanto durar a criação.

A essa altura, eu já era perito no campo da criação. Aproveitei meus conhecimentos e entusiasmo ilimitado para fazer a casa dos meus sonhos. Em toda a minha volta criei a paisagem mais bela que pude imaginar. Havia montanhas verdes e montes, com riachos de água cristalina e um fantástico conjunto de cachoeiras para completar o meu novo jardim. Criei uma flora em todos os tons e cores imagináveis.

A fome e o sono não eram iguais à fome e ao sono que sentíamos na Terra. Eu absorvia energia constantemente da água ou da luz, que brilhava continuamente. Podíamos comer vegetais, que cresciam em abundância, mas desde que me adaptara ao meu corpo espiritual, isso não foi mais necessário. Esse corpo era uma réplica perfeita do meu corpo terrestre, a não ser pelo fato de não pesar absolutamente nada. Não era possível esconder as emoções, pois a correspondente mudança refletia-se nas cores da aura.

O sono logo se tornou coisa do passado, graças ao contínuo fluxo de energia, embora fosse aconselhável descansar um pouco depois de um período de intenso aprendizado.

Resolvi assistir às aulas de arte e me aperfeiçoei em paisagens e quadros abstratos. Logo percebi que muitos artistas famosos na Terra haviam usado seus dons, consciente ou inconscientemente, para abrir a mente humana para a espiritualidade, através da sua produção criativa. Nosso professor sempre nos lembrava de que, enquanto estivéssemos na Terra, a nossa criatividade seria limitada apenas pela nossa fantasia, acrescentando que as sementes que estávamos plantando nas aulas iriam brotar algum dia, dependendo das nossas ações e realizações individuais.

Foi numa dessas aulas que encontrei Jen. Acho que era o que pode ser chamado de amor à primeira vista. Ela era tão bonita que não conseguia tirar os olhos dela. Na primeira vez que nos encontramos na aula de arte, fiquei completamente encantado.

Os seus olhos castanhos hipnóticos pareciam me atrair. Finalmente não agüentei mais e me virei para continuar o meu trabalho...

No fim da aula, Jen veio para perto de mim e, depois de uma apresentação tímida, convidou-me para assistir ao concerto de um dos estudantes da academia de música experimental. Aceitei o convite. Jen e eu combinamos de nos encontrar na minha casa.

Pela primeira vez, o tempo parecia arrastar-se até a chegada de Jen. Ela perguntou se eu já havia ido a um desses concertos. Confessei o meu reduzido interesse pela música.

— Desse você vai gostar! — disse ela, e explicou que os instrumentos tinham acabado de ser desenvolvidos e eram puramente experimentais.

Se fossem aprovados, seriam reinventados na Terra, depois de um período de experiência. É claro que eu estava ansioso para chegar ao edifício do concerto.

Demos as mãos e, numa fração de segundo, chegamos a um local que parecia ser uma gigantesca catedral. Seu tamanho enorme foi uma surpresa para mim. É definitivamente um pesadelo arquitetônico, pensei, embora admirasse o domo central, que parecia ter sido entalhado numa única e imensa pedra de obsidiana negra e brilhante, na qual se encravavam muitas estrelas cintilantes.

A cena que se nos apresentou ultrapassava os sonhos mais desvairados. A atmosfera elétrica, juntamente com um tenso sentimento de antecipação, era quase insuportável. Enquanto Jen e eu passávamos no meio de milhares de almas excitadas, consegui dar uma olhada nos músicos e nos instrumentos, já dispostos no palco.

— Parece um concerto de piano comum! — disse a Jen, que a essa altura já havia encontrado lugares bem acima do palco, embora eu jamais tivesse visto pianos tão pequenos.

Tomamos nossos lugares no momento em que o maestro entrou em cena e tomou o seu lugar num pequeno pódio, na frente dos músicos. Imediatamente, começou a dirigir a orquestra. Todo o edifício se encheu da música mais lúdica que eu jamais ouvira, combinada com cores. Eu podia sentir cada nota e sua cor correspondente ressoando profundamente no meu íntimo. Em poucos minutos, a audiência tornou-se parte integrante da orquestra. Os músicos e a audiência se mesclavam e combinavam-se perfeitamente para produzir uma grande alma de música e cores.

O estimulante concerto, infelizmente, acabou logo. Virei-me para ver a reação da audiência. Cada pessoa havia, de alguma forma, interiorizado as cores e a música na alma. O edifício inteiro brilhava de cima a baixo. Eu me sentia completamente extasiado, ao mesmo tempo que experimentava um sentimento de total harmonia, paz e amor, que permaneceriam comigo para sempre.

No fim desse agradável dia, o primeiro que passamos juntos, Jen informou-me que o nosso encontro na aula de arte não fora uma coincidência e que estávamos destinados a ficar juntos novamente. Foi uma surpresa, pois eu acreditava que o nosso encontro havia sido uma casualidade. Perguntei o que ela queria dizer com isso.

— Em breve virei vê-lo novamente para levá-lo à grande biblioteca! — disse e acrescentou: — Só então você entenderá completamente como e por que essas coincidências ocorrem!

Doze

Passei os dias seguintes em profunda meditação, tentando descobrir o que Jen quisera dizer. Depois de algum tempo, meus pensamentos se voltaram para o grande concerto. Eu tinha um ardente desejo de saber mais a respeito daqueles inventores e de suas invenções especiais.

Depois de um período de repouso e meditação, concentrei-me nos músicos. Num momento vi-me transportado para uma pequena cidade, num cenário campestre pitoresco, o qual pela primeira vez incluía animais como os que temos na Terra. Vacas pastando em campos luxuriantes, cavalos correndo soltos, esquilos subindo nas árvores, coelhos nos campos, ovelhas com filhotes, para mencionar apenas alguns. Resolvi caminhar e apreciar aquela magnífica criação. Um dos cavalos selvagens se aproximou e comunicou-se telepaticamente comigo. Captei seus sentimentos de amor e de alegria por poder viver num ambiente tão maravilhoso, sem sinal de tensão ou doenças. Aquela breve comunicação me mostrou que a maioria dos animais na Terra tem quase os mesmos sentimentos e emoções dos seres humanos. Por esse motivo, merecem ser tratados com o mesmo grau de amabilidade dirigida a outros seres vivos. Agradeci àquela magnífica criatura, a qual, por sua vez, inclinou a cabeça até o chão, acenou algumas vezes como se estivesse concordando, depois galopou rápido e gracioso em direção ao resto da manada.

Continuei minha caminhada até a cidade e estava justamente chegando aos primeiros prédios, quando, para minha surpresa, um homem me chamou pelo nome. Pela primeira vez desde a minha chegada, senti que olhava para um homem santo e muito espiritualizado. Quaisquer idéias que eu pudesse ter sobre Deus ou Jesus, haviam sido esquecidas, até aquele momento.

Aqui está, pensei, enquanto caminhava em direção à figura arquetípica de Jesus — roupas de um branco brilhante, cabelo louro-prateado e barba. Seus olhos, de um azul intenso, pareciam fitar o âmago do meu ser, ao se apresentar como David. Ele explicou que havia sido enviado ali para me encontrar.

Depois de se desculpar com as outras pessoas, pediu-me que o seguisse.

— Venha — disse ele —, tenho muito a lhe mostrar, e em pouco tempo. Espero que saiba como é privilegiado em poder visitar a nossa cidade. Nem todos têm essa oportunidade! — continuou, sorrindo.

Então, decidi concentrar-me nas experiências que se seguiriam.

O primeiro edifício em que entramos era uma gigantesca pirâmide transparente, que parecia alcançar o infinito. No meio da pirâmide, acima do que parecia um local de trabalho, havia o maior e mais puro diamante ou cristal que eu já vira. Eu ia perguntar a David sobre aquela maravilhosa obra de arte, quanto ele me interrompeu.

— Tente apenas observar e deixe as perguntas para depois!

A cena que via diante de mim era surpreendente. Bancadas de trabalho estavam espalhadas no interior da pirâmide. Sobre cada uma delas, havia várias estruturas e máquinas. Observei em silêncio enquanto as pessoas presentes, uma de cada vez, sentavam-se diretamente sob o cristal mágico e assumiam uma atitude meditativa. Depois de alguns momentos, havia uma troca de energia brilhante, ofuscante, entre o cristal e a pessoa. O processo se repetia até que todos retornassem às suas bancadas e se pusessem a trabalhar de forma rápida e confiante, com vigor e determinação renovados.

Depois de alguns minutos, David gesticulou para que eu o seguisse e, logo que saímos da pirâmide, dispôs-se a responder às minhas perguntas.

— As pessoas na pirâmide estão muito evoluídas espiritualmente e não precisam mais reencarnar na Terra. Elas estão continuamente inventando novos dispositivos para ajudar a humanidade e, como você deve ter percebido, recebem inspiração diretamente do Criador, por meio do cristal!

Fez uma pausa, imerso em pensamentos profundos.

— Quando um novo dispositivo é criado aqui, ele é testado e experimentado e, caso seja aprovado, o inventor é autorizado a encontrar-se com o inventor potencial na Terra. Esse encontro se dá num local intermediário, principalmente durante os sonhos da pessoa que está na Terra. Nessa ocasião, ela é instruída sobre os materiais a serem usados e a construção final, bem como sobre a utilidade do objeto!

Quando pedi a David que me desse algum exemplo, ele descreveu um dispositivo que transformaria a energia luminosa universal num aparelho eficientíssimo, que acabaria sendo utilizado na Terra para curar algumas das doenças mais terríveis, como o câncer, sem causar danos no corpo humano.

— A luz, como você pode notar, divide-se em milhares de freqüências e potências diferentes. No futuro, muitos cientistas na Terra descobrirão esse fato e poderão utilizar as várias freqüências para destruir completamente qualquer doença, sem afetar os órgãos vitais do corpo humano!

Outra invenção que estava sendo desenvolvida estaria disponível pouco antes do final do século em que estamos na Terra.

— No futuro, muitas terras ficarão envenenadas, devido à tecnologia de cultivo em larga escala, e isso fará com que faltem alimentos no mundo todo. Essa nova invenção será usada para carregar eletricamente as moléculas de um dos gases menos conhecidos na Terra, que atravessaria os alimentos, eliminando completamente as impurezas e ao mesmo tempo aumentando o seu valor nutricional!

Continuamos nossa jornada mágica, voltando para o campo. Segui David por uma trilha sinuosa, ladeada por plantas, frutas e flores maravilhosas. Os aromas eram inebriantes. Depois de uma rápida caminhada, chegamos ao nosso destino, uma floresta muito grande, cheia de criaturas estranhas: insetos, plantas exóticas, árvores enormes e, a julgar pelo som, algum tipo de primata.

David mais uma vez pediu-me para observar primeiro e perguntar depois. Continuamos a atravessar a floresta. Logo em seguida chegamos a um prédio grande, uma estufa numa clareira. David conversou com uma pessoa, fez sinal para que o seguisse e entramos no edifício.

Lá dentro pudemos apreciar a enormidade daquela estranha construção. Observei com atenção uma mulher manipulando uma seringa. Ela foi até um dos tanques, retirou um pouco do líquido transparente e o injetou em uma das plantas, marcada com uma etiqueta em latim. Ela parecia não notar a nossa presença. David sorriu para mim e indicou a porta, sinalizando o fim da aventura.

— Este lugar — começou ele — é uma réplica exata de uma floresta da Terra. As pessoas que você viu estão inventando e injetando nas plantas novas substâncias e produtos químicos, todos produzidos naturalmente. No fim do atual século terrestre, essas substâncias serão inventadas e utilizadas por cientistas iluminados. A função deles é prevenir e erradicar doenças e dependências, anteriormente consideradas incuráveis!

Era muita coisa para assimilar de uma vez só. Pedi a David para ficar e descansar um pouco naquele ambiente maravilhoso. Ele concordou e me deixou sozinho para poder assimilar as novas informações.

Sentei-me na vegetação rasteira, tentando apreender tudo. Eu estava rodeado pelos aromas mais extraordinários, que pareciam pairar por algum tempo, sendo depois substituídos por outros completamente diferentes, ainda mais agradáveis. Insetos cantavam, fazendo coro com a atmosfera e com os aromas cambiantes.

David reapareceu, sobressaltando-me.

— Segure as minhas mãos e feche os olhos. Vai ser uma longa viagem!

Parei um pouco, imaginando o que David estaria querendo dizer com "longa viagem", pois até então o transporte fora feito num piscar de olhos. Segurei as mãos dele, conforme pediu e, depois de dois relâmpagos de luz particularmente brilhante, chegamos.

Parece uma universidade terrestre, pensei, enquanto seguia David pela porta principal. Ele se apresentou a um homem que parecia ser diretor de uma escola. Depois de uma breve conversa, fui informado de que poderia visitar qualquer sala que desejasse e que David me encontraria mais tarde.

Comecei a andar pelo corredor e vi uma mulher de aparência familiar aproximando-se. Eu tinha certeza de que já a havia visto antes, embora não conseguisse lembrar onde. O cabelo dela era cinza, curto, combinava com o elegante vestido que ia até o joelho. Ela sorriu, estendeu a mão bem-tratada e, apresentando-se como Alison, ofereceu-se para me guiar. Aceitei de bom grado e a segui numa misteriosa viagem improvisada. Ela parou de repente em frente a uma sala de aula.

— Aqui estamos — disse ela, abrindo a porta. — Você vai achar isto interessante!

Parecia uma réplica perfeita de uma classe na Terra. Observei em silêncio, lembrando a recomendação de David de olhar primeiro e perguntar depois. Vinte alunos estavam sentados atrás de carteiras de madeira muito bem enceradas, organizadas em cinco fileiras, compostas de quatro carteiras. Começara a aula... À frente da classe, na parede, uma tela tridimensional mostrava trechos de um filme, que eram seguidos de discussões acaloradas entre os alunos. Depois, tudo se repetia. Reconheci Adolf Hitler muito jovem, suas primeiras tentativas de ingressar na política e os erros dos políticos da época, que subestimaram sua crescente popularidade. Os filmes ainda prosseguiam quando Alison e eu saímos da classe.

— Os alunos irão reencarnar na Terra no começo do próximo século, e se tornarão líderes mundiais de uma nova era. Estudando os erros passados, terão condições de assegurar paz e harmonia duradouras nos séculos seguintes. Isso permitirá um crescimento e aprendizado espiritual sem limites, como nunca houve antes!

Não tive tempo para pensar nas conseqüências de tudo isso, pois Alison já havia me conduzido à sala seguinte. No interior, o cenário era mais ou menos o mesmo, apenas o tema era diferente. Observei num silêncio fascinado, enquanto cenas apocalípticas da Terra começavam a aparecer na tela tridimensional: vulcões em erupção, terremotos derrubando edifícios e todo tipo de desastre natural. Depois de uma breve discussão entre os alunos, começou o novo filme. Este mostrava milhares de pessoas de todo o mundo, de diferentes culturas, raças e origem, todas sentadas, em profunda meditação.

O filme seguinte me chocou e, ao mesmo tempo, surpreendeu-me. A Terra foi mostrada novamente, dessa vez sem os cataclismos. Pude observar que uma grande parte de um dos continentes submergira e novas ilhas haviam sido formadas em seu lugar. Os grandes desertos estéreis tinham sido substituídos por paisagens verdejantes, com uma vegetação diferente de tudo o que já se viu na Terra.

Alison explicou-me que os alunos daquela sala de aula haviam encarnado inúmeras vezes na Terra e, no futuro, iriam se tornar grandes e respeitados mestres espirituais. Eles usariam seus conhecimentos para ajudar a humanidade a começar a curar e restaurar a Terra, da forma que deveria ser. Pelo uso da meditação, pela elevação da consciência do homem, tanto espiritual quanto física, os mestres ajudarão a atingir uma integração total de todas as culturas, raças, espécies e, finalmente, da natureza...

Eu estava cheio de assombro e admiração com o que havia testemunhado. Alison sugeriu um período de descanso, levando-me através de outros corredores, até que finalmente saímos para um local que só posso descrever como os Jardins do Éden. Perdi a conta das inúmeras variedades de plantas, tons e nuanças de cor. Estes têm de ser os Jardins do Éden original!, pensei, olhando para uma lagoa de água verde-azulada e cristalina, que, como sempre, integrava-se perfeitamente à paisagem.

Aquelas visões, sons e aromas me relaxaram completamente. Sentei na grama macia e orvalhada e mergulhei numa meditação profunda, com a minha consciência fixa naquela criação verdadeiramente maravilhosa.

— Eu sabia que você ficaria impressionado! — disse Alison suavemente, ao meu lado.

— Esses jardins logo serão criados naturalmente na Terra. Eles serão "descobertos" em breve e usados como retiro espiritual por muitas pessoas, que encontrarão neles uma rica fonte de inspiração!

Antes que eu interrompesse, Alison continuou:

— Entendo como você deve estar se sentindo. Tenha um pouco mais de paciência. Logo você saberá quem eu sou e quem são algumas das pessoas que você encontrou aqui!

Tenha paciência!, disse a mim mesmo. Eu estava presenciando alguns dos milagres do universo, sem saber quem eram aquelas pessoas, tão familiares, afetuosas e pacientes, embora tivesse a certeza de que viria a descobrir.

Alison me levou a um salão enorme, completamente cheio. Eu observava admirado o local quando começou uma discussão que resultou num intercâmbio de dezenas de milhares de feixes de energia luminosa entre as pessoas, simultaneamente e em uníssono. Eu jamais havia visto algo parecido e fiquei abismado com a velocidade dessas trocas. Subitamente, a intensa atividade cessou. Na parede em frente vi uma daquelas estranhas telas tridimensionais, só que muito maior.

O primeiro filme mostrou os planetas do sistema solar e o seu efeito sobre uma alma na hora do nascimento. A conjunção de determinados planetas e estrelas exercia tal influência que a maior parte da vida dessa alma seria governada pela posição daqueles planetas.

O filme terminou, seguido de alguns turbulentos instantes em que se deu nova troca de energia. O segundo filme começou. Ele mostrava minuciosamente a relação de uma nova alma com o seu nome terrestre e os números precisos atribuídos a cada letra do nome, como também o dia, a hora, o minuto e os segundos exatos do nascimento. Cada uma dessas informações, numéricas e alfabéticas, parecia ter uma influência sobre a encarnação da pessoa.

O terceiro e último filme englobava os anteriores, ao mesmo tempo que introduzia o elemento do livre-arbítrio, que podia influenciar o resultado final, positiva ou negativamente. Todas essas informações tinham de ser computadas minuciosamente para cada alma reencarnada na Terra.

Minha mente estava perplexa com tudo isso, enquanto eu começava a perceber por que havia tantas pessoas incumbidas dessa tarefa aparentemente impossível. Subitamente lembrei que, durante minha última encarnação, eu havia ganho um livro sobre astrologia. Depois de ler cuidadosamente, fiquei impressionado e consultei meu pai sobre o assunto. Ele era vigário de uma paróquia e, depois de ler o livro de mente aberta, declarou:

— Talvez seja verdade, talvez não, mas cada pessoa deve procurar e encontrar as suas próprias verdades, quaisquer que sejam!

Alison explicou que as pessoas naquele salão haviam sido grandes matemáticos, astrólogos e cientistas, que um dia poderiam pôr em prática as suas teorias, no complicado campo da reencarnação. Quando nos separamos, agradeci a ela pela paciência e pela compreensão, enquanto ela me assegurava de que nos encontraríamos novamente em breve.

Eu ainda estava pensando nela, quando encontrei David na entrada. Ele notou que eu estava confuso e afirmou que eu encontraria Alison novamente no futuro.

— Você acha que já está em condições de retornar?

— Acho que sim! — respondi, agradecendo-lhe por ter-me acompanhado.

— Nós nos veremos brevemente, não se preocupe! — assegurou.

As últimas palavras de David ainda ecoavam na minha mente quando cheguei à minha bela casa. Eu estava contemplando o rio quando vi uma figura familiar se aproximando. Senti uma energia avolumando-se dentro de mim ao reconhecer o lindo rosto de Jen. Com o entusiasmo, eu havia quase esquecido os nossos planos de visitar a grande biblioteca. Pedi desculpas a Jen e nos sentamos lado a lado na grama. Estava contando a ela por onde eu havia andado, quando um sentimento estranho mas muito agradável de companheirismo e amor me envolveu.

Senti-me um pouco culpado e olhei para os olhos castanhos de Jen, percebendo que ela estava sentindo a mesma coisa. Antes que eu pudesse reagir, ela veio ao meu encontro e nesse momento soubemos instintivamente o que deveríamos fazer.

Num instante estávamos completamente integrados, de corpo e alma. Eu me transformei nela e ela se transformou em mim. Aquele incrível sentimento de unidade, não apenas com a parceira da minha alma, mas com todo o universo, foi total. Eu vi estrelas explodindo em miríades de cores e formas brilhantes.

Esse fantástico momento de verdade e amor pareceu durar eternamente, até que ambos retomamos o controle dos sentidos e ficamos deitados no gramado, banhados em uma luz universal de um dourado puro.

Agora eu conhecia o verdadeiro significado da palavra "amor". É a união de duas almas, completamente abertas entre si, sem segredos.

Compreendi que não existe na Terra nada que se compare a esse amor absoluto.

Repousamos no jardim por algum tempo, tentando absorver as novas energias que pulsavam em nossa alma. Depois tomamos um banho refrescante no rio cristalino.

Achamos que já era tempo de visitar a grande biblioteca e, de mãos dadas, fomos imediatamente transportados para uma espécie de sala de espera, cheia de pessoas.

Isto não se parece muito com uma biblioteca, pensei, imaginando se Jen não tinha cometido um erro e não estaríamos em um dos hospitais espirituais dos quais ouvira falar na escola. Eu ia perguntar a Jen onde estávamos, quando uma das três portas à direita se abriu. Uma voz masculina de tom profundo me chamou pelo nome terrestre. Olhei para Jen que, sorrindo enigmaticamente, indicou-me a entrada.

A porta se fechou sozinha e eu me vi numa sala com piso de mármore. À minha frente, vi doze homens, que pareciam monges, trajando vestes marrons. Eles estavam sentados em volta de uma enorme mesa de carvalho encerado. Um dos monges, que parecia ser o chefe, perguntou-me se eu sabia por que estava ali. Curiosidade, pensei, imaginando se Jen não estaria me pregando uma peça.

— Você sabe que a sua próxima encarnação na Terra será a última?

— Sei! — respondi, lembrando as revelações de Michael numa das primeiras aulas e sentindo-me pouco à vontade.

— Não há nada a temer, Richard. Todas as almas que partem para sua última encarnação nos visitam. É um privilégio, como pode ver!

Antes que eu pudesse responder, ele me agradeceu por ter vindo, acrescentando que Jen responderia quaisquer outras perguntas.

Jen se levantou quando eu voltei à sala de espera e explicou-me o que estávamos fazendo.

— Antes que uma alma realize sua última encarnação, ela pode ir à grande biblioteca. Ali há todos os pormenores do ser daquela alma, começando com a sua concepção e continuando ao longo das encarnações, desde a primeira até a última. Isso inclui todos os nomes, datas, experiências, educação, sem omitir um único dado!

Fiquei em silêncio enquanto Jen me contava que essa seria também a sua última encarnação e que nos encontraríamos no plano terrestre.

Essa derradeira encarnação seria a fase final de nosso aprendizado conjunto na Terra.

Eu a segui pela enorme biblioteca, caminhando através de filas e mais filas de prateleiras abarrotadas e etiquetadas, até chegarmos à mesa de recepção.

— Qual o nome de vocês, por favor? — perguntou a bibliotecária.

— Richard Seymour e Jennifer Lacroix! — respondi.

Ela consultou um índice, virando as páginas e murmurando algo. Quando encontrou o que procurava, levantou-se e foi para uma sala nos fundos. Logo voltou, trazendo uma tira de papel, que me entregou sorrindo. Notei que eram os números dos livros com as nossas histórias pessoais.

Localizamos nossos livros e nos dirigimos a uma das ante-salas, para ler com mais privacidade.

Fui tomado de surpresa, não apenas pelas inúmeras encarnações que tive, como pelos muitos pormenores. Eu estava admirado também com a regular ocorrência de coincidências que prosseguiam de uma vida para outra, especialmente quanto aos nomes. Parece que algumas almas mantinham o mesmo nome de batismo de uma encarnação para a seguinte, não apenas para evitar confusões mas para ajudar a alma gêmea a identificá-la, caso se encontrassem novamente numa vida subseqüente.

Todas as minhas existências anteriores estavam inexoravelmente interligadas. Algumas vezes eu parecia repetir as situações e cometer os mesmos erros, mais ou menos na mesma idade, na mesma data e ao mesmo tempo. Eu também experimentara a vida de diferentes pontos de vista, masculino e feminino, a fim de melhor compreender as diferenças, forças e fraquezas de ambos os sexos.

Olhei para Jen, que estava profundamente imersa em pensamentos.

— O que há?

— Veja isto! — disse ela tristemente.

Olhei para o livro e vi Jen e eu vivendo numa fazenda, numa zona rural da França, com uma grande família de nove filhos. Nossa vida tinha os costumeiros altos e baixos de uma família numerosa. Por fim, eu não consegui mais agüentar aquele tipo de existência e resolvi partir, sem dizer nada a Jen.

Eu não sabia, na época, o quanto Jen me amava, até que, depois de me procurar por algum tempo, ela desistiu. Uma noite, depois de certificar-se de que as crianças dormiam, ela se afogou, deixando órfãos os nossos nove filhos.

Jamais voltei à fazenda, pois havia me apaixonado por outra pessoa. Nossos filhos foram adotados por um casal de tios, que cuidou deles.

Todo esse drama se passara no século dezoito, mas para nós, que o revivíamos no presente, parecia real. Depois de tentarmos nos consolar, continuamos a ler.

Outro aspecto intrigante da lei universal é que nada do que foi aprendido ou vivido é desperdiçado. Não importa se o aprendizado foi na Terra ou nos planos espirituais. Tudo parece ser uma grande experiência de aprendizado, dividida entre os dois planos da existência, até que a alma individual recebe iluminação durante sua última encarnação terrestre.

Repassando duas ou três encarnações, pude sentir minha consciência aumentando, até chegar à última delas. Lá estava eu, uma criança de uns oito anos de idade, passando para parentes e amigos dos meus pais informações que eu obtivera por meio da minha clarividência. Eu via as pessoas rindo, numa tentativa vã de disfarçar o quanto se sentiam inseguras e pouco à vontade.

— Richard está fantasiando novamente! — diziam eles.

Felizmente, meus pais eram pessoas espiritualmente evoluídas e perceberam o que acontecia comigo.

Foi maravilhoso vê-los novamente e perceber o quanto eu havia sentido a falta deles. Eu estava chegando às últimas páginas daquele capítulo, quando senti que não tinha nenhum desejo de reviver aqueles meses finais da minha vida. De qualquer forma, eles estavam gravados na minha mente. Folheei as páginas restantes até chegar ao último capítulo. Que estranho, pensei, olhando para as folhas em branco; percebi então que elas ainda não haviam sido escritas!

Esperei pacientemente até Jen acabar de ler o livro dela. Depois de compararmos nossas várias experiências, levamos os livros de volta à bibliotecária. Estávamos nos aproximando da mesa de recepção, quando notei uma presença estranha se dirigindo à moça. Depois de uma breve conversa, aquela aparição feminina, quase transparente, desapareceu em um dos inúmeros corredores.

Intrigado pela estranha visão, perguntei à bibliotecária quem era.

— Ah, é apenas uma médium procurando informações!

— E isso é permitido? — perguntei confuso.

— Em alguns casos, sim, pois a informação pode ser usada para guiar ou ajudar essa pessoa a tomar uma decisão crucial na vida!

Lembrei que eu sempre me perguntava como médiuns e clarividentes obtinham informações tão acuradas. Obviamente, essas informações não partiam de nenhuma força maligna, como muitas vezes eu havia pensado.

Devolvemos os nossos livros e agradecemos à gentil bibliotecária pela ajuda. Já fora do prédio, Jen e eu resolvemos voltar à minha casa e tentar analisar as informações que tivemos o privilégio de obter. Depois de conversar sobre as situações que tínhamos observado, por vezes até mesmo rindo delas, Jen admitiu estar cansada. Então, depois de combinar um encontro na aula de arte, voltou para a casa dos pais para descansar.

Treze

Fiquei deitado na cama até começar a entrar num sono meditacional, intercalado com visões de vidas passadas. Sem aviso, a voz de David interrompeu meu sonho. Acordei e o vi em pé, perto da cama. Ele disse calmamente:

— Tenho algo importante para lhe contar. É urgente, Richard. Você se lembra da sua transição, depois de sua morte na Terra?

— Lembro!

— Bem, devido às infelizes circunstâncias que envolvem sua morte repentina, foi decidido deixá-lo repousar por mais algum tempo, para que você se recupere do trauma!

— Sim, mas por favor vá logo ao ponto, David!

— Está bem. Dentro em breve seu pai estará fazendo a mesma viagem. Pensei que seria a oportunidade perfeita e uma excelente experiência para todos os envolvidos, se parentes e amigos estivessem presentes para recebê-lo!

Isso foi um grande choque para mim. Eu não havia pensado na morte do meu pai. Depois que o choque inicial se dissipou, todavia, fiquei emocionado com a perspectiva de rever meu pai.

— Pronto, Richard?

No momento seguinte, chegamos aos arredores de uma pequena aldeia, na mais bela paisagem imaginável. Quando entramos na aldeia, notei que as fileiras de casas estavam ligadas. A única separação visível era um tubo de vidro transparente, que passava de uma casa para a outra.

— Esta é a casa! — disse David mostrando a porta aberta.

— Bem a tempo! — disse um médico vestido com um jaleco branco. Depois de nos convidar a entrar, apresentou-se como Will.

— Estou no comando da operação e esta é a minha assistente Anneke! — disse, sorrindo para uma mulher loira, na recepção.

David se desculpou e saiu do edifício.

— Entre! — disse Will.

Eu o segui através de vários corredores, até que finalmente chegamos ao nosso destino. A primeira coisa que vi no quarto, pequeno e mal iluminado, foi um grupo de pessoas. Elas estavam sentadas em cadeiras distribuídas em volta de uma cama vazia. Reconheci um dos meus avós e minhas duas avós, os quais, depois de me abraçarem em lágrimas, apresentaram-me às outras pessoas, que eram amigos dos meus pais.

A atmosfera de expectativa era quase insuportável. Eu havia tomado o meu lugar na cadeira mais próxima do travesseiro, quando Anneke entrou.

— Alguns de vocês provavelmente jamais testemunharam um nascimento, assim mostrarei um filme curto, para dar-lhes uma idéia do que se trata!

Notei uma daquelas telas especiais na parede à esquerda. Depois de alguns segundos, o filme começou.

Pude ver uma senhora velha e frágil deitada numa cama, rodeada por parentes e amigos preocupados. O médico esperou até que ela desse o último suspiro. Ele aguardou por um momento, verificou a pulsação e anunciou que o ente querido havia partido. No mesmo instante, vi a alma da velha senhora deixando o corpo e tentando, em vão, confortar os entes amados. Logo apareceu o portal entre esse lugar e a Terra. Depois de hesitar alguns momentos, a velha senhora começou sua jornada final, que levou cerca de trinta minutos. Durante esse tempo, ela teve oportunidade de rever sua vida.

Seu corpo espiritual já estava preparado, deitado cuidadosamente numa cama, rodeado de outros amigos e parentes. As cenas que se seguiram foram muito emocionantes.

Os olhos dela começaram a se abrir e, depois de alguns momentos, ela percebeu onde estava. As lágrimas de amor, assombro e alegria que encheram o quarto nos deram uma amostra do que estava por vir.

Quando o filme terminou, olhei para a cama. Anneke já havia preparado o corpo espiritual do meu pai. Foi uma experiência estranha e misteriosa, olhar para aquela concha vazia, prestes a ser preenchida. O novo corpo espiritual mostrava o meu pai bem mais jovem do que eu podia me lembrar.

— Ele deve chegar logo! — disse Will, entrando no quarto.

Meus olhos estavam fixos no rosto de meu pai, esperando aquele momento de despertar, que chegou antes do que eu esperava. Notei um movimento em um dos braços, seguido de alguns gemidos até que meu amado pai abriu seus novos olhos espirituais. Acho que as palavras não conseguem descrever as emoções demonstradas e sentidas naquele quarto.

Will foi o primeiro a falar, assegurando ao meu pai que ele não estava sonhando. Depois de certificar-se de que tudo estava em ordem, o médico saiu do quarto junto com Anneke.

— Archie! — exclamou minha avó, amorosamente. — É tão bom vê-lo novamente!

Os olhos do meu pai estavam molhados de lágrimas de alegria e reconhecimento.

— Como está a mamãe? — perguntei, não conseguindo me conter por mais tempo.

— Ah, ela está bem, como sempre. — Conversamos longamente sobre esse momento e fizemos alguns planos para o futuro dela sozinha. Acho que ela jamais aceitou a sua morte, ainda tão jovem, e sem ter um corpo para enterrar. Mas de um modo geral, ela é bem mais forte do que as pessoas imaginam!

Inclinei-me e beijei as faces molhadas do meu pai.

— Como pode ver, estou bem — comecei. — Tenho muitas coisas para lhe mostrar aqui. Virei visitá-lo dentro de alguns dias, quando você já tiver descansado!

Abracei-o e, depois de me despedir dos parentes, voltei à recepção. Agradeci a Will e Anneke pela hospitalidade e, imediatamente, achei-me em casa, olhando para a minha cama. Depois de uma breve meditação, deitei e caí num sono profundo, cheio de pensamentos sobre as emoções e acontecimentos que tive a sorte de testemunhar.

Acordei algum tempo depois, sentindo-me completamente revigorado e cheio de energia. Depois de pensar muito, decidi que era tempo de mudar um pouco a casa, começando pelo jardim. Talvez eu devesse plantar alguns girassóis. Meus pais sempre adoraram essa flor, pensei, visualizando o jardim do vicariato em plena florescência. Eu havia acabado de plantar a última semente quando Jen chegou, carregando alguma coisa debaixo do braço.

— Trouxe um presente para você! — disse, sorrindo maliciosamente, dando-me um longo tronco de madeira, artisticamente entalhado e pintado.

Agradeci pela surpresa e, tentando não parecer muito ignorante ou tolo, perguntei o que era.

— É um instrumento musical! — replicou-me e começou a soprar na extremidade mais estreita.

O ar então se encheu de sons estranhos e celestiais. Olhei surpreso para Jen, que movia os lábios, criando novas melodias. Eu estava intrigado pela mudança na atmosfera causada pelo instrumento.

Jen explicou que ele tinha sido feito de madeira de eucalipto pelos aborígines australianos. Um dia, seria usado para curar várias doenças. Os tons musicais, profundamente ressonantes, produzidos por aquele instrumento extraordinariamente simples, coincidiam perfeitamente com os sons produzidos pelos centros de energia do corpo humano. Se usado de acordo com certas normas, o instrumento poderia purificar o campo energético do corpo.

Jen e eu saímos para ver alguns abetos recém-plantados no vale. Contei a história sobre o meu pai e notei uma expressão triste no rosto de Jen.

— O que há? — exclamei.

— É melhor nos sentarmos! — disse ela.

Alguma coisa no tom da voz dela me fez perceber que ela tinha más notícias.

— Bem...! — começou, hesitante. — Você já sabe que vamos voltar à Terra?

— Sei!

— Enquanto você estava descansando, recebi a visita do meu anjo da guarda, que me contou que você deverá retornar logo. Eu seguirei depois!

Essas notícias me pegaram de surpresa. Eu estava tão absorvido pelas minhas aventuras, que havia perdido a noção da escala normal de tempo. Eu sabia que não tinha como escapar do fato de que retornaria à Terra e que não haveria adiamento. Eu apenas não me sentia pronto para assumir as responsabilidades e encarar as situações que, sem dúvida, encontraria quando da minha volta, embora soubesse que seriam uma parte importante e necessária da minha educação.

Jen mudou-se para a minha casa, para podermos ficar juntos o maior tempo possível. Passamos esse período pintando, passeando e fazendo planos para o futuro. Um dia, sem aviso, recebi a visita de David, o que foi uma surpresa agradável, pois eu não o via há algum tempo.

— Sinto por incomodá-los! — disse. — Tenho novidades quanto à sua iminente reencarnação, Richard!

— Que tipo de novidades? — perguntei, resignado, temendo pelo pior.

— Bem, talvez fosse melhor se viesse me visitar por alguns dias. Talvez eu possa esclarecer a sua situação e, possivelmente, dissipar os seus temores!

Concordei, e David, depois de tomar algumas providências, despediu-se e partiu.

— Não se preocupe! — disse Jen. — Não será tão ruim. Afinal, vamos nos encontrar novamente na Terra, no futuro!

— Sim, mas quando? — repliquei, irritado com a incerteza.

— Há algumas perguntas que você talvez queira fazer a David. Ele deve saber as respostas! — Jen respondeu otimista.

O tempo parecia voar e, antes que percebêssemos, chegou o dia da minha visita a David. Jen havia voltado à casa dos pais. Abraçamo-nos com amor e Jen prometeu transmitir minhas lembranças à família dela.

Fiquei sentado em contemplação silenciosa, tentando pôr os pensamentos em ordem. Quanto mais eu pensava, mais perguntas surgiam, até que, subitamente e sem aviso, encontrei-me sentado no meio da neve, rodeado por todos os lados de cadeias e mais cadeias de montanhas. E agora?, pensei, imaginando por que teria sido levado àquele lugar.

Decidi dar uma caminhada para ver se encontrava as respostas. Para onde quer que eu olhasse, o cenário era maravilhoso. As montanhas tinham picos cobertos de neve e algumas pequenas colinas relvadas pontuavam o sopé das montanhas. Para coroar toda aquela beleza, havia pequenos riachos cristalinos, que formavam desenhos complicados nas montanhas cobertas de neve.

Eu já estava andando há algum tempo, tentando apreender o magnífico cenário, quando cheguei à entrada de uma caverna, cavada numa das montanhas. Continuei caminhando, devagar e com cuidado, sem saber o que esperar. Quando me aproximei da abertura, ouvi um som baixo. Homens cantando, pensei, decidido a me virar e a continuar o meu caminho.

— Richard! — gritou um homem, vestido em trajes estranhos, que apareceu subitamente na entrada da caverna. — Seja bem-vindo. Estávamos à sua espera!

Outra vez!, pensei, imaginando qual o motivo desses encontros nada casuais, organizados sem o meu conhecimento.

— Siga-me! — disse o homem, que parecia um monge de alguma ordem religiosa.

Segui aquela figura, de cabeça raspada e vestida de cor alaranjada, até que chegamos ao fim da mal iluminada caverna.

De repente, todo o subterrâneo se iluminou. Uma luz intensa que equivalia à de mil sóis brilhando simultaneamente. Descobri de onde vinha o canto. Onze monges de cabeça raspada, todos em suas vestes alaranjadas, estavam sentados em círculo, no chão da caverna.

Meu guia se apresentou como John e explicou que os monges eram guias espirituais. Eles estavam em contato quase constante com os líderes espirituais e com outras pessoas mais evoluídas na Terra. Ele seria o meu contato enquanto eu estivesse encarnado.

Ele continuou a explicar, em pormenores, as diversas formas de contato possíveis entre as duas dimensões, principalmente durante a meditação profunda e, o que era mais comum, durante o sonho.

— Algumas vezes, quando alguém se desvia do seu caminho espiritual, provocamos um acidente, para que a alma possa se separar temporariamente do corpo. Isso possibilita uma comunicação direta com a pessoa, que depois volta ao corpo para continuar sua educação, num estado de consciência mais elevado que o anterior. Cientistas e médicos na Terra têm estudado esse fenômeno, mas não foram capazes de encontrar uma explicação satisfatória para as ocorrências, embora a época já seja propícia para se obter esse tipo de conhecimento. Se você precisar de orientação ou de ajuda em assuntos espirituais, poderá se comunicar diretamente comigo! — concluiu John, solenemente, acrescentando que eu receberia as informações necessárias quanto à meditação depois de completar 28 anos na Terra!

— Por que só depois de 28 anos? — perguntei, intrigado.

— Porque essa data assinalará um renascimento espiritual para você. Essa também é uma das leis universais. A cada sete anos, seu corpo, tanto espiritual quanto físico, passa por uma mudança completa, que torna mais fácil e acessível o contato entre as duas dimensões!

Ele fez uma pausa, dando-me oportunidade para assimilar as informações.

— Depois dessa alteração na consciência, você se tornará mais consciente espiritualmente e será capaz de fazer aquilo que a maioria das pessoas vê como milagre!

Sentei-me no chão da caverna, observando os monges, um a um, comunicando suas informações espirituais aos seus contatos na Terra. Pude ver muitas pessoas, de todas as camadas sociais e de diferentes culturas, em profunda meditação, o que permitia um contato mais fácil. As pessoas na Terra não se davam conta de que o seu corpo espiritual havia se libertado do físico e estava viajando para comunicar-se mais diretamente com seu guia espiritual. Elas talvez pensassem que a viagem fosse apenas uma parte da experiência meditacional, mas a caverna, os monges e suas informações eram bem reais.

Agradeci ao meu futuro guia espiritual e comecei a sair da caverna. Eu estava na metade do caminho quando o cenário começou a se apagar e, num turbilhão de velocidade e luz, encontrei-me num dos picos mais altos daquela incrível cordilheira. Para minha surpresa, a área à minha volta era completamente plana, com luzes brilhando na neve, aqui e ali. Eu podia ver à distância o meu destino, uma enorme pirâmide transparente, rodeada por milhares de jardins, caminhos e florestas. Decidi caminhar até a pirâmide, não desejando perder nem uma imagem ou som dessa criação divina.

O fantástico paraíso parecia estar cheio de vida selvagem. Observei fascinado um bando de leões comendo as folhas de uma planta tropical, e ignorando totalmente uma manada de zebras que passavam. Pássaros, de todas as formas e de todos os tamanhos, voavam entre as árvores, cantando as músicas mais sonoras que eu já tinha ouvido. E, por fim, vi até mesmo um mítico unicórnio!

Enquanto eu andava através dessa paisagem mágica, em direção à pirâmide, vi que David me esperava. Dessa vez, eu sabia que ele estaria lá para me receber. Eu já estava aprendendo a ouvir a minha intuição e a confiar nela.

— Bem-vindo à minha casa! — disse David. — Entre!

Depois de segui-lo por vários corredores e passar por diversas portas, chegamos a uma sala triangular, muito iluminada.

— Sente-se e fique à vontade. Este é o lugar mais próximo que você já chegou do nosso Criador. Descanse um pouco e tente adaptar-se à atmosfera!

Um sentimento avassalador de perdão, amor e compreensão me envolveu, enquanto minha consciência se elevava ao Criador. Olhei em volta e percebi que David se retirava para uma ante-sala menor.

O cômodo no qual eu estava, com sua forma triangular, era construído inteiramente de vidro, com exceção do chão, levemente acolchoado. Onde estão os móveis?, pensei, indo até a janela.

A vista era magnífica, sobrepujando tudo que eu já vira. No céu havia dezenas de milhares de estrelas e muitos planetas, brilhando com uma intensidade que, acredito, só podem ter os planetas recém-criados. Eu olhava com reverência os inúmeros pontos de luz, viajando a velocidades incríveis na direção dos diversos planetas e finalmente desaparecendo, ao entrar na atmosfera.

Instintivamente, entendi o que estava acontecendo. Os raios de luz eram novas almas, encarnando-se nos planetas recém-criados. Nosso

Criador não parou depois da criação do nosso sistema solar. A criação continuava, sem pausa.

Todas as perguntas que eu fazia eram imediatamente respondidas, mas as respostas pareciam originar-se da minha própria intuição. Minha consciência havia-se elevado a tal nível que a necessidade de novas questões tornou-se redundante. Os segredos de todo o universo estavam no meu íntimo, onde sempre estiveram. Eu havia acabado de assimilar esses fatos assombrosos, quando David reapareceu e pediu-me para acompanhá-lo.

Segui-o para uma sala menor e notei uma parede especial, onde seriam projetados filmes tridimensionais.

— Agora — começou David de forma objetiva —, tenha calma e, se tiver mais perguntas, estou aqui para respondê-las!

Sentei-me no chão acolchoado, e o filme começou. A primeira cena mostrava um homem e uma mulher vivendo vidas completamente separadas. Até o dia em que eles se encontraram, apaixonaram-se e se casaram. A mulher vinha de uma família numerosa e freqüentava a igreja regularmente, até que, lentamente, foi sentindo que os ensinamentos da Igreja não tinham relação com sua própria vida. Algumas circunstâncias a afastariam cada vez mais da Igreja, devido às tragédias que ocorreriam na sua família.

A segunda seqüência concentrou-se no homem, que vivia numa família menor. Sua educação foi tradicional: aprendeu que deveria respeitar todo mundo e que o trabalho árduo sempre era recompensado. Tinha um coração de ouro e o espírito bastante evoluído, no âmbito do inconsciente. Eu observava intrigado os guias espirituais do casal plantando idéias e noções diferentes no subconsciente deles, num esforço para reunir os dois. Finalmente, os caminhos deles se cruzaram. Esses fatos eram vistos na Terra como coincidências. A verdade é que todas as coincidências têm um significado especial.

Os dois estranhos deveriam ser meus novos pais. Eu nasceria novamente na Inglaterra. Foi-me mostrado o lugar do meu nascimento, o dia e a hora exatos e como isso afetaria a futura encarnação. Vi também os atributos e o caráter que eu levaria comigo, juntamente com algumas das experiências que teria.

Uma nova era espiritual estava surgindo na Terra, com muitos espíritos evoluídos encarnando simultaneamente. Muitos cientistas e professores seriam obrigados a reavaliar suas teorias ultrapassadas, principalmente quanto à criação da Terra. Havia também muitas possibilidades de a consciência humana e os problemas ambientais virem à tona, depois de terem sido ignorados por muito tempo.

Assisti a um filme que mostrava formas estranhas aparecendo em campos de cereais, geralmente durante a noite. Esses fenômenos extraordinários representavam grandes mudanças e um avanço na consciência na Terra, levando seus habitantes a reavaliarem seu modo de vida.

O planeta Terra tem a sua própria consciência e, depois de muitas décadas de poluição e mau uso, começava a se purificar. Observei muitos cataclismos, principalmente terremotos, erupções vulcânicas e uma drástica mudança no clima. Novos grupos políticos estavam se formando para protestar contra os testes de armas nucleares. Essas experiências não só emitiam radiações mortíferas, como também as ondas de choques provocadas pelas explosões causavam tremores de terra e, o que era pior, afetavam a inclinação do eixo terrestre. Isso significava um grande perigo para as nossas futuras gerações e para os outros planetas em nosso sistema solar, cujas existências eram um desafio para o ponto de vista egoísta da humanidade sobre o universo.

Pude ver claramente as ondas de choque atingindo outras civilizações mais adiantadas que, preocupadas com os seus próprios planetas, começavam a se organizar em grupos que visitavam a Terra regularmente, num esforço para mostrar aos homens os seus erros.

Mostraram-me também um programa de cruzamento entre seres mais evoluídos e alguns seres humanos, especialmente selecionados, cujo objetivo era permitir que a estabilidade, a paz e o amor reinassem na Terra.

Muitas das leis universais tornaram-se mais claras para mim, depois de assistir ao filme. O que mais me impressionou foi o fato de cada pessoa na Terra estar ligada indissoluvelmente a todos os outros. Nossas ações, pensamentos e realizações afetam os demais, estendendo-se por todo planeta e voltando amplificados à sua origem.

No final do filme, pude ter uma breve visão da minha nova vida. Um fluxo de amor, calor e compreensão pulsou através da minha consciência, ao descobrir que Alison seria minha irmã e Juliette teria um papel importante na minha vida.

Algumas situações pareciam um tanto desagradáveis, principalmente quanto aos relacionamentos e ao casamento; mas foi-me assegurado de que pode-se aprender mais com uma situação difícil do que com uma fácil.

O filme terminou abruptamente e fiquei olhando a parede vazia. David entrou.

— Bem, o que achou? — perguntou ele.

Fiquei em silêncio, perdido em pensamentos sobre a minha nova vida, meditando sobre os aspectos menos agradáveis.

— Não há com que se preocupar! — disse David. — Se precisar de orientação, estarei sempre pronto para ajudá-lo, por mais difícil que a situação pareça. Basta meditar do modo mostrado. Se você esquecer como se medita, pode estar certo de que encontrará a informação precisa!

Essas palavras me acalmaram. Começamos a conversar sobre assuntos espirituais, bem como sobre as questões relativas às nossas várias vidas na Terra, até que a voz de Jen nos interrompeu.

— Continue, Richard. Eu o verei novamente, pouco antes de você iniciar a sua jornada final!

Ao chegar na minha casa, onde Jen e meu pai estavam me esperando, agradeci a David. Contei-lhe sobre a experiência que vivera ao caminhar pelo campo. Meu pai explicou que logo estaria se mudando.

— Mudando? Para onde? — perguntei surpreso.

— Como você viu, Richard, há muitas esferas de existência. Esse foi o motivo pelo qual os seus avós estavam aqui me esperando. Eles estão transmitindo seus conhecimentos terrestres a novas almas, antes de reencarnarem na Terra!

Interrompi-o, dizendo que gostaria de usufruir da companhia dele naqueles últimos momentos, sem ter que me preocupar com coisas complicadas. Passamos juntos o resto do tempo, contemplando o cenário e falando sobre minha mãe e alguns dos bons tempos que passamos juntos na Terra, como uma família. No fim do dia, Jen e eu nos despedimos dele. Ele me assegurou que algum dia nos reencontraríamos.

Jen e eu passamos muito tempo alterando a casa e a paisagem circundante, até ficarmos satisfeitos. Tentei não me preocupar com o futuro, enfeitei a casa com o maior número possível de quadros, antes da minha partida. Jen decidiu ficar na casa até chegar a sua hora.

Eu não precisei esperar muito; um sentimento intenso de medo e terror tomou conta de mim. Até que David chegou.

— Está na hora, Richard! — Jen e eu caímos nos braços um do outro, com lágrimas de tristeza. Eu não conseguia aceitar o fato de ter de deixá-la. Depois de uma breve conversa com David, combinamos que Jen nos acompanharia ao centro de reencarnação.

A pedido de David, ficamos os três de mãos dadas. Tive uma última visão da nossa casa e de seus arredores paradisíacos, antes de chegarmos a uma grande sala de espera. Jen e eu nos sentamos. David perguntou a um assistente qual era a sala reservada para nós. Fomos conduzidos por um labirinto de corredores mal iluminados, até chegarmos ao nosso destino.

O quarto também estava na penumbra; era parcamente mobiliado, com uma cama e algumas cadeiras de aparência confortável. Caminhei até a janela para olhar para fora. Contemplei a Terra, em toda sua glória, rodeada por uma aura azul brilhante, a cor correspondente ao quinto centro de energia no homem. Olhei com reverência para a minha destinação, percebendo imediatamente que a Terra já havia passado por muitas mudanças energéticas desde a sua criação. Em cada elevação da consciência humana, a aura terrestre refletia essas mudanças. Eu estava pensando na próxima alteração na consciência do ser humano, quando uma assistente loira, vestida de branco, surgiu. Ela explicou rapidamente os procedimentos. Tudo o que eu deveria fazer era deitar na cama e relaxar. Abracei Jen em lágrimas, dizendo um último e triste adeus, até nos encontrarmos novamente. Mas essa próxima vez seria em circunstâncias muito diferentes.

David explicou que a maior parte das minhas lembranças daquele lugar permaneceriam obscuras, até um determinado ponto da minha vida. Ele acrescentou que estaria sempre ali para me guiar e auxiliar, caso fosse necessário.

Lancei um último olhar para o rosto molhado de Jen, antes de subir na cama. A assistente se aproximou, trazendo um fino pano branco de algodão, que colocou cuidadosamente sobre os meus olhos. Tudo ficou escuro. No momento seguinte, eu rolava a uma velocidade espantosa através de um túnel em espiral, numa escuridão que parecia se estender para sempre...

Catorze

Finalmente, eu havia recuperado minhas lembranças, confirmando tudo o que eu sabia sobre a evolução humana e o nosso papel no universo. Devo ter lido os capítulos deste livro mais de cem vezes, sem poder mesmo assim acreditar que eu os havia escrito, embora soubesse que as informações representavam a verdade absoluta.

Jennifer logo me trouxe de volta à Terra, lembrando-me de que eu ainda tinha que enfrentar a pouco invejável tarefa de encontrar um editor. Depois de comprar o último número do *Writer's Handbook*, procurei entrar em contato com várias editoras, até chegar à Element Books, cuja política anunciada era: "Fornecer conhecimentos e informações para ajudar a humanidade numa época de grandes transformações."

É esta mesmo, pensei, resolvendo escrever uma carta de introdução à Element e uma sinopse juntamente com um dos capítulos, para despertar o interesse dos editores. Nem por um momento sonhei com a possibilidade de receber uma resposta afirmativa, imaginando quantos escritores em potencial já teriam recebido cartas de rejeição.

Uma semana depois, chegou aquela que eu pensava ser a minha carta de rejeição e mal acreditei quando abri o envelope: "Caro Martin, gratos pelo envio de sua proposta para um livro. Por favor, mande-nos o manuscrito completo, com vistas à publicação."

Jennifer cumprimentou-me pela sorte e saímos para celebrar, nessa mesma noite.

No dia seguinte, eu estava carregado de pensamentos negativos. E se a Element rejeitasse o meu manuscrito?, pensei, e achei melhor procurar novamente na *Writer's Handbook* se não haveria outros editores em potencial.

Já ia deixá-lo de lado, quando encontrei algo interessante. A revista *Reincarnation International* era a única no mundo a tratar de todos os aspectos do assunto. Que coincidência, pensei sorrindo, enquanto datilografava cuidadosamente a carta ao editor, descrevendo a minha história sobre reencarnação. Fiquei imaginando se ela seria comparável à de outras pessoas no resto do mundo. Eu sabia que não apenas era verdadeira, como também eu tinha os meios de prová-lo. Incluí uma cópia do relatório do acidente e, no caminho para a agência do correio, lembrei-me com alívio da decisão de gravar as consultas com a leitora de auras e com a terapeuta de regressão. Eu havia guardado até mesmo a revista na qual encontrara o endereço dos colecionadores. Todo esse material seria necessário, caso a minha história fosse levada a sério.

Recebi uma carta afirmativa de Roy Stemman, editor da *Reincarnation International*, na qual me agradecia por ter escrito e explicava que achara fascinante a minha história. Embora não pudesse remunerá-la financeiramente, solicitou que eu mandasse um relato mais pormenorizado, acrescentando que provavelmente haveria mais perguntas por parte da imprensa, do rádio ou da televisão.

Eu não imaginava que a minha história fosse de interesse para uma revista, menos ainda para a TV, ainda que a publicidade fosse interessante para o meu livro.

Quando estava respondendo a Roy, lembrei-me, de repente, de uma série de reportagens na televisão holandesa sobre paranormalidade. Depois de verificar o endereço no teletexto, enviei um resumo do que havia acontecido a mim desde que mudara para a Holanda, acrescentando que estaria às ordens para uma entrevista.

Eu já havia quase esquecido do assunto, quando, numa manhã em que trabalhava em meu livro, o telefone tocou. Quem poderia ser?, pensei, um tanto aborrecido com a interrupção. Meu aborrecimento transformou-se em alegria, pois uma pesquisadora do programa sobre paranormalidade havia lido a minha carta e desejava marcar uma entrevista comigo no escritório central, perto de Hilversum. Combinamos um encontro para logo depois do Ano Novo.

Finalmente chegou o dia da entrevista e, depois de certificar-me de que estava levando todas as evidências para comprovar o meu relato, peguei o trem para Bussum. Eu estava nervoso, calculando as reais possibilidades de contar a minha história para as câmeras de televisão.

Depois de aceitar uma xícara de café holandês bem forte, acomodei-me na sala de espera. Ia pegar uma das revistas espalhadas numa mesinha, quando a pesquisadora chegou. Terminadas as apresentações, subimos para o escritório dela, e a entrevista começou. Tentei responder da melhor forma possível à avalanche de perguntas. Depois de duas exaustivas horas, ficou claro para mim que a companhia estava interessada na história: entretanto, a moça me informou, no fim da entrevista, que teria de pesquisar mais a fundo e perguntou-me se eu faria objeções quanto a uma busca pela Inglaterra.

— Não, é claro que não! — respondi inocentemente.

— Sim, mas você deve levar em conta que há uma possibilidade de entrarmos em contato com algum dos parentes de Richard! — preveniu-me. — Como você aceitaria isso, Martin?

— Quando isso acontecer, veremos o que é necessário fazer! — respondi, embora me sentisse pouco à vontade com a idéia.

— Você tem mais alguma pergunta, Martin?

— Tenho sim: Você irá até o vicariato na Inglaterra, para verificar o que descrevi sob hipnose?

Meus pensamentos estavam confusos na volta para casa, principalmente com a resposta da assistente à minha última pergunta. Ela faria o possível para conseguir o máximo de informações sobre a vida de Richard por telefone e "talvez" enviassem uma equipe de filmagem até o vicariato. Eu não havia ficado satisfeito com a resposta, mas me resignei. Afinal, era ela a especialista.

Meu encontro com a emissora de TV logo foi esquecido, e eu retomei a difícil tarefa de continuar a escrever o livro.

Toda minha vida social resumia-se a algum encontro ou telefonema, uma vez ou outra. Eu estava grato aos meus conhecidos e aos meus amigos, por me darem o apoio e o estímulo de que eu precisava naqueles meses.

Eu acabara de falar com minha amiga Mary, uma antiga colega, quando, logo após desligar, o telefone tocou novamente. Era a pesquisadora da emissora de televisão, perguntando se eu tinha o meu número de serviço na RAF e as datas em que servira. Esclareceu que precisavam dessas informações com urgência, para continuar as buscas. Localizei os dados e, depois de soletrar cuidadosamente o nome das bases onde eu havia trabalhado, perguntei qual o motivo dessas perguntas.

— É que temos nos empenhado muito na pesquisa do seu caso, Martin, embora eu ainda não possa revelar muita coisa. Prometo entrar em contato dentro de alguns dias, caso as informações coincidam!

É claro que elas coincidirão!, pensei, imaginando o que ela estaria aprontando.

A resposta veio dali a alguns dias. Ela me ligou e perguntou se eu faria objeções a me submeter a outra regressão. Depois de concordar, dei a ela o telefone de Josee, a fim de organizar uma segunda sessão. A assistente contou-me que tinha uma surpresa para mim com referência a Richard e à família dele e que ela revelaria tudo depois da regressão.

Os dias seguintes foram muito frustrantes para mim. Eu não conseguia me concentrar no livro e minha imaginação trabalhava a todo vapor, tentando descobrir qual a surpresa que estaria me aguardando. Em seguida, tanto Josee quanto a pesquisadora me telefonaram para confirmar se a quarta-feira seguinte seria uma data conveniente para a segunda regressão. Desta vez seria diferente, pensei, recapitulando as palavras da assistente.

— Estaremos filmando a regressão, Martin, se você permitir, é claro!

Consenti imediatamente. Afinal, eu nada tinha para esconder. Minha única preocupação era se eu conseguiria relaxar o suficiente, sob o olhar das câmeras de TV, para atingir o nível de inconsciência necessário a uma regressão bem-sucedida.

* * *

As dúvidas que eu tinha sobre o relaxamento logo se dissiparam quando ouvi a voz hipnótica e obsessiva de Josee. Ela tratou de explicar os procedimentos à assistente de televisão, enquanto as equipes de câmera e som ocupavam-se com a montagem do equipamento em um dos outros quartos. Dez minutos depois, eu estava deitado numa mesa de massagem equipada com um microfone. A luz da câmera era muito forte, embora eu tivesse o privilégio de poder fechar os olhos, o que não acontecia com Josee, pensei. Minhas pálpebras se fecharam, prontas para a indução hipnótica.

Segundo eu me lembrava, as palavras eram as mesmas da primeira vez. Logo meu corpo relaxou, a despeito dos pensamentos sobre a intrusão da câmera e dos operadores. No momento seguinte, fui transportado de volta no tempo e estava no lado de fora do vicariato, no quintal dos fundos. Que sensação fantástica, pensei, ao contemplar o jardim bem cuidado com sua fonte ornamental. O sol brilhava e os pássaros estavam cantando em harmonia com a natureza. Eu estava tão fascinado com tudo, que havia-me esquecido completamente da principal razão para o retorno. A voz distante de Josee interrompeu a cena idílica, pedindo-me para descrever o que via. Tive dificuldade para me comunicar com a voz daquela intrusa. "De onde vinha a voz?", pensei, enquanto seguia as instruções com relutância.

Duas horas depois, minha jornada pelos caminhos da memória terminava e Josee me trazia de volta à consciência, totalmente contra a minha vontade. Eu me sentia tão calmo e relaxado no lugar onde havia estado que me incomodava voltar ao meu corpo pesado. Fiquei com vontade de ir ao banheiro, mas deveria esperar mais dez minutos para retomar o controle total dos movimentos.

Josee cumprimentou-me pelo desempenho na frente da câmera de TV e a assistente disse que entraria em contato comigo no decorrer da semana, depois que o filme tivesse sido editado.

— Sim, mas qual é a surpresa? — perguntei.

— Ah, sim!

E ela explicou que havia entrado em contato com o único parente ainda vivo de Richard, seu cunhado, que concordara, juntamente com o filho, em prestar todas as informações de que pudesse lembrar-se sobre a vida de Richard.

Aparentemente, Richard tinha tido três irmãs, e a assistente queria saber se eu me lembrava do nome delas. Lembrei de Josee perguntando-me, durante a regressão, se havia mais alguém em casa, além dos meus pais, e todas as vezes eu respondia negativamente.

— Veja — disse Josee, percebendo pela minha expressão que eu estava desapontado —, expliquei à assistente o que se pode e o que não se pode esperar de uma regressão hipnótica. Eu disse a ela que o que você via era apenas um instante no tempo e que, se ela quisesse informações mais específicas, seriam necessárias mais sessões. Afinal, essa é apenas a sua segunda regressão. Para a maioria das pessoas, seria necessário muitas sessões para se conseguir uma pequena parte das coisas de que você conseguiu se lembrar!

Cheguei em casa confuso, imaginando por que não tinha visto nenhuma das irmãs de Richard, uma vez que eu havia me lembrado de muitos outros pormenores referentes à vida dele. A dúvida começou a tomar conta de mim. Talvez tudo o que eu vira sob a regressão fosse apenas a minha imaginação, e o fato de saber o nome, a idade e a ocupação do pai de Richard como vigário era apenas uma coincidência.

Contei os acontecimentos do dia a Jennifer, dando-lhe uma descrição da aldeia onde Richard vivera. Os quadros eram reais, pensei, descrevendo o belo rio que corria pela cidadezinha e uma ponte pitoresca perto do local onde Richard costumava pescar. Havia algumas lojas, e a igreja da qual o pai dele era encarregado tinha uma torre baixa. Eu achei aquilo meio estranho, pois a maior parte das igrejas na Inglaterra, tanto quanto eu podia me lembrar, tinha torres altas.

— Mais alguma coisa? — perguntou Jennifer.

— A praça da aldeia tinha um monumento de formato estranho, que não combinava com o resto do cenário!

— Não é coincidência! — assegurou-me, depois de ouvir a história das irmãs de Richard. — Você sabe até que o corpo dele nunca foi encontrado depois da explosão!

— Acho que sim! — murmurei desanimado.

Dois dias depois, a pesquisadora telefonou para organizar uma segunda entrevista para a semana seguinte, explicando que eles gostariam de me filmar enquanto eu escrevia o meu livro e em alguns locais de Hoorn, como, por exemplo, a biblioteca onde eu tinha encontrado, por coincidência, a revista sobre colecionadores.

Jennifer e eu passamos todo o fim de semana limpando e arrumando a casa para o grande dia. Quase toda a véspera da entrevista foi passada enquanto conferíamos e reconferíamos as informações. Eu já ia começar a preparar o jantar, quando o telefone tocou. Depois de uma breve conversa, desabei na poltrona, num misto de desapontamento e raiva. A companhia de TV havia resolvido não filmar a minha história, no final das contas.

— Amanhã explicarei tudo! — prometeu a pesquisadora.

Uma nuvem negra de depressão pairou sobre o jantar, enquanto Jennifer e eu especulávamos interminavelmente sobre a razão para esse cancelamento de última hora.

— Bem, qualquer que seja a razão, o azar é deles! — disse Jennifer, pedindo-me para telefonar para ela no dia seguinte, depois que a assistente de pesquisa tivesse ido embora.

A jovem explicou pormenorizadamente a sua pesquisa, acrescentando que a decisão de suspender os trabalhos deveu-se ao fato de eu não ter identificado as três irmãs de Richard. Interrompi a exposição duramente para perguntar-lhe sobre todas as coisas que eu havia visto, sem mencionar as coincidências, os fatos e os pormenores.

— Isso tudo é um grande mistério, Martin — foi a resposta dela.

Antes de sair, ela me entregou um grande envelope com todo o material pesquisado.

— Fique em contato conosco e conte como está indo o livro! — disse, ao caminhar para o carro.

Fechei a porta e subi as escadas correndo, ansioso para ler sobre o que ela havia descoberto durante a pesquisa.

Ela havia feito contato com o cunhado de Richard, contando-lhe a minha história e pedindo-lhe ajuda para estabelecer os fatos. O cunhado, já idoso, dissera à assistente que o seu filho sabia tudo sobre Richard e que estava disposto a colaborar.

Depois de transcrever o texto da segunda regressão, a assistente elaborou uma lista de perguntas e enviou-a ao sobrinho de Richard. Este respondeu o questionário com "sim" ou "não". De toda a lista, apenas quinze perguntas haviam sido respondidas, das quais cinco coincidiam com as minhas observações feitas durante a regressão. Senti-me frustrado.

Depois de analisar cuidadosamente o questionário, vi que o sobrinho de Richard tinha condições de esclarecer um dos pontos mais óbvios. Meu sangue fervia ao ler a seção intitulada "Richard e a RAF". A moça havia escrito: "Não vou descrever os pormenores sobre o que ele fazia e como morreu, uma vez que Martin poderia ter tomado conhecimento disso durante o seu próprio serviço da RAF."

— Ou ela não acreditou na minha história, ou não me levou a sério! — disse eu a Jennifer, que estudava o conteúdo do envelope.

— Ela deveria ter feito perguntas abertas! — murmurou Jennifer. — Nesse caso, você teria obtido um resultado imparcial!

Ela tentava me animar.

— Bem, continue a escrever o seu livro. Estou certa de que alguma coisa acontecerá!

Depois de algumas noites de insônia, minha vontade era até mesmo parar de escrever. De que adianta, afinal?, pensei, embora no íntimo eu soubesse que tudo aquilo que eu havia testemunhado durante a regressão, bem como todos os acontecimentos e coincidências incríveis da minha vida, não seria em vão.

Jennifer insistiu para que eu continuasse o livro, apesar da decepção. Concordei em retomá-lo depois do meu aniversário, em uma semana.

Jennifer já havia planejado fazer uma visita aos pais na Inglaterra, e Mary convidou-me para passar o dia do meu aniversário com ela e o namorado, em Amsterdã. Aceitei o convite e, após desligar o telefone, ele tocou novamente.

— Alô, Martin, aqui é Roy Stemman, da *Reincarnation International*!

Tivemos uma conversa agradável e Roy contou-me que estaria em Amsterdã durante dois dias e perguntou-me se eu aceitaria fazer uma entrevista. Concordei e ele me deu o número do telefone do hotel onde estaria hospedado. Ele não tinha conseguido entender o nome nem o endereço, por não falar holandês.

Agradeci o interesse de Roy e assinalei o dia e o horário na minha agenda, com a intenção de telefonar para o hotel na segunda-feira seguinte.

— Eu disse que algo aconteceria! — comentou Jennifer, depois que contei a ela a minha conversa com Roy.

* * *

No dia seguinte, ajudei-a a fazer as malas e levei-a até o aeroporto, dando um adeus emocionado quando ela passou pelo controle de passaportes. Eu iria sentir falta dela, embora fosse apenas por um fim de semana prolongado.

Voltei para casa, em Hoorn, e estava fazendo o jantar quando Mary me ligou para dizer qual o número do bonde que eu deveria pegar no dia seguinte.

Como combinado, ela estava me esperando no terminal.

— Alô, estranho! — disse ela, brincando. — Como você se sente ao fazer 21 anos novamente?

No caminho para o apartamento compramos comida chinesa para o jantar.

— Onde está Peter? — perguntei, admirado por ela encomendar comida para duas pessoas apenas.

— Ah, ele foi encontrar-se com um amigo, que, por coincidência, está trabalhando temporariamente num hotel aqui perto!

— Puxa, que ótimo! — respondi. — Qual hotel?

— O Piet Heijn!

— Nunca ouvi falar!

— Não me admira. Existem milhares de hotéis em Amsterdã! — disse Mary enquanto servia uma generosa dose de vinho.

Passamos o resto da noite pondo em dia a conversa e lembrando dos tempos em que trabalhávamos na companhia de CDs.

— Boa sorte na entrevista na semana que vem! — gritou Mary, enquanto eu embarcava no trem para Hoorn.

Eu tinha quase esquecido do encontro com Roy e decidi telefonar para o hotel no dia seguinte para pedir o endereço, antes de ir ao aeroporto para encontrar Jennifer.

— Bom dia, Hotel Piet Heijn!

— Desculpe, pode repetir? — murmurei, mal acreditando no que ouvia.

— Hotel Piet Heijn, em que posso ajudá-lo?

As palavras de Mary ecoavam na minha mente enquanto o recepcionista explicava qual o bonde que eu deveria pegar na Estação Central: "Existem milhares de hotéis em Amsterdã"!

Um sentimento de satisfação me envolveu, quando percebi que, a despeito do desapontamento com a estação de televisão, a coincidência, pela enésima vez, havia criado outra oportunidade para mim.

Jennifer não ficou surpresa quando falei da coincidência.

— Você não precisa provar nada para mim, Martin, eu já sei de tudo! — disse ela, desejando boa sorte no meu encontro com Roy.

Cheguei ao saguão do hotel dez minutos antes da hora. O recepcionista ligou para Roy, que desceu para me encontrar.

— Olá, Martin. É um grande prazer conhecê-lo pessoalmente! — disse um sorridente homem de meia-idade.

A entrevista começou. Depois de uma enxurrada de perguntas e respostas, mostrei cópias de todos os documentos que eu tinha, incluindo a pesquisa feita pela estação de televisão.

— Bem, aqui estão as provas, Roy. O que acha?

Ele pensou um pouco.

— Bem, Martin, se quer a minha opinião sincera, trabalhei com inúmeros casos famosos de reencarnação, e o seu tem o mesmo potencial. Eu tenho alguns contatos na mídia. O que você acha de um programa de televisão?

Eu estava abatido e expliquei a Roy o desapontamento que havia sofrido com a TV holandesa.

— Ah, não se preocupe. Eu conheço um programa que tratará o seu caso com seriedade. Já ouviu falar da série *Strange But True*?

— Em que canal?

— Ah, vocês aqui só pegam a BBC. É feito pela London Weekend Television. Mas tenho que dizer que já faz algum tempo que não tenho contato com eles!

— Sabe de uma coisa? — continuou ele, vendo a expressão de relutância no meu rosto. — Vamos esperar um pouco, para que você possa tomar uma decisão. Está bem?

Concordei. Afinal, eu poderia recusar a qualquer hora. Depois de uma sessão de fotos fora do hotel, Roy e eu fomos a um dos muitos cafés de Amsterdã. Expliquei o papel importante que as coincidências representaram em toda a minha vida, lembrando-lhe aquela sobre o hotel onde Roy estava hospedado e acrescentando que algumas vezes aquelas chamadas coincidências afetavam as pessoas que tinham contato comigo. A expressão no rosto dele mostrou que ele tinha dificuldade em acreditar no que eu dizia. Por fim, ele me deu o número do telefone da sua casa e pediu-me que comunicasse, dentro de duas semanas, a minha decisão a respeito do programa de TV.

Prometi que o faria em breve e, ao apertar a sua mão, acrescentei, brincando:

— Não se esqueça de procurar as coincidências!

— Compreendo o seu desapontamento, mas pense na propaganda! — disse Jennifer, nessa mesma noite.

— A publicidade seria boa para o livro — concordei — mas eu não gostaria de sofrer outro desapontamento!

— Bem, você é quem sabe, e, de qualquer forma, tem duas semanas para resolver!

Na manhã seguinte, levantei bem cedo, determinado a adiantar o livro e percebi que havia um recado na secretária eletrônica.

— Alô, Martin, aqui é Roy Stemman. Você talvez não acredite, mas quando cheguei em casa ontem à noite havia uma mensagem do programa *Strange But True* na minha secretária. Por favor, telefone assim que puder!

Bom, agora ele acreditará em mim, pensei, enquanto discava o número dele.

Aparentemente, um caso da série havia falhado na última hora. Eles haviam entrado em contato com Roy para descobrir se ele não teria algum caso interessante.

— Eles estão muito animados com a sua história e querem entrevistá-lo na Holanda. O que você acha?

Concordei na mesma hora e lembrei a Roy a nossa conversa sobre as coincidências.

— Sim, é muito estranho! — disse ele, prometendo-me ligar assim que tivesse organizado o encontro.

Vinte minutos depois, recebi uma ligação de Carlton Black, um dos produtores do programa, solicitando mais informações sobre o caso. A entrevista foi feita dois dias depois, quando Carlton e seu assistente viajaram para a Holanda para conversar com algumas pessoas envolvidas. Finalmente, foi resolvido que Josee, Jennifer e eu voaríamos para Londres na semana seguinte, para as filmagens.

O grande dia chegou e tenho que admitir que eu estava nervoso. Afinal, seria minha primeira entrevista ao vivo. Josee, Jennifer e eu estávamos no quarto do hotel, tomando café, quando a equipe de filmagem chegou, seguida por Roy. Este contou que um dos assistentes de Carlton havia visitado Swallowfield, e tudo o que eu vira sob hipnose combinava perfeitamente: o pitoresco rio que atravessava a aldeia, a igreja com sua estranha torre baixa, uma bonita ponte e, além de tudo, uma entrevista com um historiador local, que esclareceu que o vicariato não estava mais como eu descrevera. O assistente acrescentou que a casa, durante a guerra, ficava em outro local e a descrição do "meu" vicariato ajustava-se perfeitamente ao anterior.

Três horas depois, as filmagens foram concluídas. Depois do almoço no hotel, a produtora de televisão prometeu enviar-me uma cópia do vídeo e nos desejou boa sorte. O vôo de volta passou em branco para mim. As palavras de Roy sobre Swallowfield martelavam na minha mente. Mais uma vez a coincidência havia me jogado uma bóia salva-vidas, no momento exato em que eu estava a ponto de desistir.

Jennifer e eu prometemos manter contato com Josee e informá-la de quaisquer novidades.

Continuei a trabalhar no livro por mais quatro meses, até que o vídeo chegou. Jennifer estava no trabalho e eu o assisti sozinho. Eu estava nervoso, imaginando como teria ficado a minha história. Michael Aspel, o apresentador, fez a introdução do programa e, depois de quinze minutos, fiquei atônito.

A equipe de TV havia reconstituído a minha história utilizando atores, com entrevistas intercaladas. O filme confirmava tudo o que eu vira durante as regressões. Nos minutos finais, quando foram apresentadas as cenas em Swallowfield, lágrimas de reconhecimento rolaram pelas minhas faces. Eu parecia estar temporariamente aprisionado num estranho *continuum* de tempo, no qual os anos trinta se transformavam nos noventa e vice-versa.

Deitei-me e fechei os olhos. A compreensão me atingiu como um raio: o meu destino tinha-se cumprido.